ÍTALO DO COUTO FERREIRA

PENTECOSTALISMO E RESSOCIALIZAÇÃO:

Um Estudo Exploratório sobre Afiliação Religiosa e Reintegração

Social à Luz das Teorias dos Processos Civilizadores

F383p   Ferreira, Ítalo do Couto
         Pentecostalismo e Ressocialização: Um Estudo Exploratório
    sobre Afiliação Religiosa e Poder Disciplinar à Luz das Teorias
    dos Processos Civilizadores/ Ítalo do Couto Ferreira. – 2. ed.
    rev. Rio de Janeiro [s.n.], 2019.
         122p. 22,86cm.

         ISBN 978-1980382317

    1.   Ciências sociais 2. Criminologia I. Título

                                                        CDD 300
                                                        CDU 343.9

PENTECOSTALISMO E RESSOCIALIZAÇÃO:

Um Estudo Exploratório sobre Afiliação Religiosa e Reintegração
Social à Luz das Teorias dos Processos Civilizadores

ÍTALO DO COUTO FERREIRA

2ª Edição
Rio de Janeiro - Brasil

Ao Senhor Jesus Cristo toda a honra, glória, majestade e louvor, porque dele, por ele, e para ele, são todas as coisas; glória, pois, a ele eternamente. Amém!

AGRADECIMENTOS

Ao Senhor Deus, o Todo-Poderoso por ter colocado a Igreja Evangélica Missionária de Jesus Cristo em minha vida, representada na figura do Pastor Laerton Sérgio de Assunção, homem íntegro, reto, temente a Deus e que se desvia do mal; o meu orientador: Prof. Dr. Anderson Moraes de Castro e Silva, minha inspiração para publicação desse trabalho; o Sargento PM Ronaldo Santos Cardoso do 12° BPM, que viabilizou a minha pesquisa no Instituto Penal Edgard Costa (IPEC); a tia Inez Dalila de Paula Paes Darós, minha mãe espiritual, exemplo de fé e de amor ao próximo; e os meus pais, Eraldo Luiz Ferreira e Celia do Couto Ferreira, que me geraram, amaram e corrigiram quando necessário.

Só Jesus!

Julga com reta justiça

Pois para o homem que errou

Ele vê solução ainda

Só Jesus!

Pode me dar a salvação e amor

Perdoou os meus pecados

A minha vida, ele transformou

(Trecho de uma música composta
pelos presos e cantada durante os
cultos pentecostais no IPEC)

APRESENTAÇÃO

Na área temática de Segurança Pública e Direitos Humanos, o presente estudo, realizado entre os anos de 2011 e 2012, avalia se a afiliação religiosa ao pentecostalismo está relacionada à reintegração social do apenado, a partir da perspectiva da ressocialização à luz das teorias dos processos civilizadores, conforme Julião (2009), que considera esse conceito, nativo do sistema penitenciário.

O estudo foi realizado mediante trabalho de campo de observação direta das interações entre agentes religiosos pentecostais e presos afiliados ao pentecostalismo, no Instituto Penal Edgard Costa (IPEC), em Niterói – RJ. Todos os Agentes de Segurança Penitenciária das "turmas de guardas", alguns presos afiliados ao pentecostalismo e agentes religiosos foram entrevistados. Buscando, assim, uma "descrição densa" (Geertz, 1989), não da instituição em sua totalidade, mas das interações entre os indivíduos envolvidos em um drama social que lá se desenrolava. Assim como Julião (2009), sistematizamos um diálogo com teóricos do pensamento moderno, principalmente com Norbert Elias, e suas obras O Processo Civilizador - Vol. I e II.

Este trabalho é uma síntese da influência do pentecostalismo no processo de ressocialização de presos à luz das teorias dos processos civilizadores no Instituto Penal Edgard Costa (IPEC). Essa síntese consta de cinco capítulos, nos quais são apresentados uma breve introdução ao cristianismo; a história do pentecostalismo; conceito e história de crime, penas e prisões; em ressocialização, abordaremos os problemas encontrados no sistema penitenciário, que dificultam a ressocialização dos internos, problemas estes, que em sua maioria, são consequências da falta de cumprimento de mecanismos vinculados aos direitos humanos, como a Lei de Execução Penal e as Regras Mínimas para o Tratamento de Presos; e, finalmente, o cerne deste trabalho, que é um estudo exploratório sobre afiliação religiosa e reintegração social à luz das teorias dos processos civilizadores.

Esta obra tem como objetivo ressaltar a importância da religião, levando em consideração o trabalho desenvolvido por agentes religiosos de igrejas pentecostais como minimizadoras dos efeitos causados pelo cárcere e posterior reintegração social. Agindo de forma ativa no combate à má conduta do indivíduo, que dificulta a sua ressocialização.

SUMÁRIO

Introdução

A pesquisa buscou conhecer, através do trabalho de campo, as práticas religiosas do pentecostalismo no interior da unidade prisional fluminense, que aloja presos condenados ao regime semiaberto, Instituto Penal Edgard Costa (IPEC), e descobrir se existe uma relação entre conversão religiosa ao pentecostalismo e ressocialização. Visando descobrir se é possível, por meio das ações sociais praticadas pelos agentes religiosos nos cultos e dos ensinamentos cristãos do movimento pentecostal, reeducar e inserir os valores morais praticados pelos membros das igrejas pentecostais aos detentos, tornando-os aptos à reintegração social.

Partiu-se da premissa de que a igreja é um agente de controle social informal (MOLINA, 2000) e, no contexto da unidade prisional pesquisada – agente de controle social formal (MOLINA, 2000), foi testada a hipótese de uma relação entre conversão religiosa e ressocialização à luz das teorias dos processos civilizadores.

Objetivos

A pesquisa buscou conhecer, por meio do trabalho de campo e de pesquisa bibliográfica, o trabalho das igrejas pentecostais na unidade prisional IPEC, e descobrir se existe uma relação entre conversão religiosa e reintegração social.

➢ Descobrir se é possível, por meio da conversão religiosa ao pentecostalismo, a reintegração social, comparando a ressocialização à luz das teorias dos processos civilizadores;

➢ Verificar como os agentes penitenciários enxergam o

comportamento dos detentos afiliados ao pentecostalismo, comparado ao comportamento dos demais detentos;

➤ Verificar como os demais detentos enxergam os detentos afiliados ao pentecostalismo e vice-versa;

➤ Levantar se existem detentos que se afiliam ao pentecostalismo objetivando melhorias no acesso a bens que são escassos no sistema prisional ou de fato se convertem;

➤ Verificar como os agentes religiosos enxergam os detentos afiliados ao pentecostalismo e os demais detentos e vice-versa;

➤ Conhecer como os detentos, afiliados ao pentecostalismo, relacionam-se entre si e com os demais detentos; e

➤ Contribuir para reflexão e debate crítico acerca do tema.

Justificativa

No ano da pesquisa, o Brasil possuia a terceira maior população carcerária do mundo, ficando atrás apenas de Estados Unidos e China. Nos cinco anos anteriores, o número de pessoas presas no Brasil aumentou 37%. O número de presos provisórios no país era de 44%, e havia uma superlotação nas unidades prisionais, pois a taxa de ocupação dos presídios brasileiros era de 1,65 presos por vaga, o que deixava o país atrás apenas da Bolívia, cuja taxa era de 1,66, conforme divulgado pela *Agência CNJ de Notícias* no dia 28 de setembro de 2010, no qual consta que o dado foi apresentado no dia 23 de setembro de 2010 no *Seminário Justiça em Números* pelo coordenador do Departamento de Monitoramento e Fiscalização do Sistema Carcerário (DMF) do Conselho Nacional de Justiça (CNJ), Luciano Losekann.

Até o mês de junho do ano de 2011, a população carcerária brasileira era de 513.802 presos, e a fluminense era de 28.791 presos, ocupando o lugar de quarta maior população carcerária nacional, ficando atrás de São Paulo (177.767 presos); Minas Gerais (46.190 presos); Rio Grande do Sul (30.328 presos), conforme dados do Sistema Integrado de Informações Penitenciárias (InfoPen).

O Brasil tem grandes problemas no campo prisional, tais problemas vinculados à insegurança pública devido ao crescimento da violência e sua falta de solução. Esse crescimento descontrolado da violência ultrapassa a capacidade do sistema prisional brasileiro que não tem dado conta da população carcerária que lhe é destinada:

> A superlotação carcerária afronta a condição humana dos detentos, aumenta a insegurança penitenciária, o abuso sexual, o consumo de drogas, diminui as chances de reinserção social do sentenciado, além de contrariar as condições mínimas de exigências dos organismos internacionais. O que fazer com os sentenciados e como corrigi-los sempre assombrou a sociedade. Punição, vigilância, correção. Eis o aparato para "tratar" o sentenciado. Conhecer a prisão é, portanto, compreender uma parte significativa dos sistemas normativos da sociedade (MAIA, 2009, vol. 1, p.10).

Considerando o que foi apresentado até o presente momento e o que prevê a Lei n° 7.210 de 11 de julho de 1984, Lei de Execuções Penais (LEP), em seus artigos 10 e 11:

> Art. 10. A assistência ao preso e ao internado é dever do Estado, objetivando prevenir o crime e orientar o retorno à convivência em sociedade.

Parágrafo único. A assistência estende-se ao egresso.

Art. 11. A assistência será:

I - material;

II - à saúde;

III - jurídica;

IV - educacional;

V - social;

VI - religiosa.

Observamos que as assistências previstas no artigo 11 da LEP objetivam prevenir o crime e à reintegração social, conforme o artigo 10 da mesma lei. Porém, em relação à assistência educacional, é sabido que poucos têm acesso a ela no sistema prisional brasileiro:

> O inexpressivo número de pessoas presas que tem acesso à educação esconde outra realidade mais preocupante: não há, hoje, no país, uma normativa que regulamente a educação formal no sistema prisional, o que dá margem para a existência de experiências diversas e não padronizadas que dificultam a certificação, a continuidade dos estudos em casos de transferência e a própria impressão de que o direito à educação para as pessoas presas se restringe à participação em atividades de educação não-formal, como oficinas (YAMAMOTO, 2009, p. 11).

Trazendo à realidade do sistema prisional fluminense, constatamos que no Rio de Janeiro não era diferente, pois dos 28.791 presos, apenas 2.194 presos (7,62%) estavam em atividade educacional. Considerando o quantitativo de presos em programas de laborterapia, os números eram menores ainda, 344 presos (1,19%) em trabalho externo e 422 presos (1,47%) em trabalho interno, conforme *Formulário Categoria e Indicadores Preenchidos*[1] do Rio de Janeiro referente a junho de 2011.

Devido aos baixos índices de atividade educacional e de laborterapia nos presídios fluminense, e levando em conta a relevância do assunto concernente à ressocialização, faz-se necessário estudar alternativas. Como o inciso V do artigo 11 da LEP, enumera a religião como um tipo de assistência ao preso, resolvemos estudar se há relação entre afiliação religiosa e reintegração social. Escolhemos o Pentecostalismo como objeto de estudo devido à crescente adesão de presos às igrejas evangélicas:

> As igrejas evangélicas, das mais diversas denominações, hoje dentro do cárcere conseguem arrebanhar um número cada vez mais crescente de internos, ditando normas de comportamento e, principalmente, "convertendo criminosos em servos de Deus". (JULIÃO, 2009, p. 349).

Conforme Julião já constatou.

Revisão Teórica

A pesquisa avaliou se a afiliação religiosa ao pentecostalismo está relacionada à reintegração social do preso, a partir da perspectiva da *ressocialização à luz das teorias dos processos civilizadores* (JULIÃO, 2009), que considera esse conceito, nativo do sistema penitenciário.

---

[1] Ministério da Justiça/ Departamento Penitenciário Nacional/ Sistema Integrado de Informações Penitenciária – InfoPen.

Assim como na tese de Julião (2009), sistematizaremos um diálogo com teóricos do pensamento moderno, como Michel Foucault (1985, 2002, 2005), Norbert Elias (1993), Durkheim (1978), e George Simmel (1983).

Segundo Elias (1993), o processo civilizador é constituído em uma teia de questões de ordem psicológica e de relações sociais, pois a dinâmica social se dá por meio de planos e ações, impulsos emocionais e racionais de pessoas isoladas que se relacionam constantemente de modo amistoso ou hostil. Segundo o autor, a civilização vive em um movimento cegamente, sendo mantida pela dinâmica autônoma de uma rede de relacionamentos.

Para Elias (1993), o processo civilizador é a institucionalização de hábitos coletivamente, controlando a conduta individual, regulando os seus impulsos, e estabelecendo uma progressiva divisão de funções através do crescimento de cadeias de interdependência, nas quais cada impulso e ação do indivíduo, direta ou indiretamente, tornam-se integrados.

Ainda segundo Elias (1993), o autocontrole mental, embutido nos hábitos de todo ser humano civilizado, passa a ser considerada uma segunda natureza. O modelo de autocontrole varia de acordo com a função social e a posição do indivíduo na cadeia de ações em que se inclui o ato individual nessa sociedade complexa. Instituindo uma mudança civilizadora no comportamento humano, o indivíduo passa a se submeter às regras e leis cada vez mais rigorosas, controlando sua conduta.

Para Durkheim (1978), socializar é educar. Toda a argumentação, para o autor, acerca da sociologia e seus métodos está no conceito de *representação*[2]. Pois considera que dentro de cada pessoa

---

[2] Para Durkheim as representações são coletivas ou individuais. A representação coletiva teria mais peso, já que são exteriores às consciências individuais, não derivam do indivíduo e sim a sua cooperação. Segundo o autor, a sociedade é

existem referências mentais que definem cada ser como indivíduo e paralelamente como ser social. Logo, na mente das pessoas existem quereres individuais e um conjunto de crenças, hábitos, valores que revelam as formas de viver das pessoas que partilham a mesma sociedade. Segundo o autor, ao se pensar em sociedade estruturada sobre o conceito de representações, aceitamos a coerção que o todo impõe através da educação. Para o autor, a sociedade enquanto espaço das relações de cooperação das consciências individuais cria um processo de integração chamado de *Divisão do Trabalho Social*, determinando o funcionamento da vida coletiva em cada época, forjando um tipo diferenciado de cooperação e de moral.

Para Simmel (1983), a sociedade existe onde quer que vários indivíduos entrem em interação, pois é por intermédio das múltiplas interações de uns com os outros, contra os outros, e pelo os outros, que a sociedade se constitui. A esse processo o autor caracteriza como *sociação*.[3] Sua teoria se fundamenta na ideia de que o espaço geográfico ou geométrico que aproximam, unem, distanciam ou separam as pessoas e os grupos, não é o que importa, mas sim as forças psicológicas, os fatores espirituais.

Metodologia

O método utilizado para essa pesquisa foi o qualitativo, pois verifica uma relação dinâmica entre o mundo real e o sujeito, isto é, um vínculo indissociável entre o mundo objetivo e a subjetividade do sujeito

---

um todo que existe enquanto o somatório das representações individuais, logo os sentimentos privados se tornam coletivos quando expressos, somados e compartilhados.

[3] Segundo Simmel, sociação é um processo básico constituído pelos impulsos dos indivíduos, ou por outros motivos, interesses e objetivos; e pela forma que essas motivações assumem.

que não pode ser traduzido em números, segundo Minayo (2007), apoiado por dados quantitativos.

As técnicas de coleta de dados utilizadas foram a pesquisa bibliográfica, documental e de campo (observação direta), por meio de um estudo de caso do trabalho realizado pelas igrejas pentecostais e dos cultos pentecostais realizados pelos próprios detentos no Instituto Penal Edgard Costa (IPEC). Foi usada a técnica etnográfica de imersão parcial. E entrevistas semiestruturadas a presos e agentes penitenciários do IPEC.

1

Uma Breve Introdução ao Cristianismo

O Pentecostalismo é um movimento religioso cristão protestante, como as interações sociais entre os agentes religiosos pentecostais e os presos são objeto de estudo de nossa pesquisa, torna-se fundamental para nosso trabalho, compreendermos algumas características do Cristianismo, em especial, em sua vertente pentecostal. A partir dessa compreensão, as análises das interações entre os agentes religiosos pentecostais e os presos que serão estudadas em capítulos posteriores, ficarão mais claras ao leitor.

Apresentaremos então o Cristianismo sob a perspectiva do Reverendo Dr. Malcolm Guite, expressa em sua obra *Em Que Acreditam Os Cristãos?*, e, ainda, por meio da experiência pessoal do pesquisador nos últimos cinco anos, período em que o mesmo vem atuando como membro da Igreja Evangélica Missionária de Jesus Cristo.

O Cristianismo

O cristianismo é hoje uma das maiores religiões do mundo, com aproximadamente dois bilhões de adeptos espalhados pelo planeta, conforme Guite (2010). Começou como uma seita minoritária do judaísmo. Iniciou-se através de um grupo pequeno de pessoas que compartilhavam um mesmo idioma, estilo de vida e experiências pessoais. Atualmente, abrange várias línguas e culturas, o que gera grande variedade de práticas e interpretações, porém há unidade na adversidade, haja vista que, todos os cristãos mantém uma base comum de fé que é inspirada, na crença cristã. Ou seja, o cristianismo tem por fundamento a vida, morte e ressurreição de Jesus Cristo. Mas, o que significa ser Cristão?

Além da já citada base comum de fé dos cristãos, e apesar da diversidade cultural dos cristãos em termos mundiais, podemos identificar três elementos fundamentais que são partes do que significa ser cristão, são eles: pertencer, crer e agir.

a) Pertencer:

O senso de pertencimento ou pertença não se trata apenas de ser uma pessoa que "professa e se apresenta" como cristã, mas uma profunda noção de pertencer a uma comunidade de fé. A comunhão e o senso de pertencimento estão em seu cerne. Os cristãos têm tanta noção de pertencimento que se referem uns aos outros como integrantes de um só corpo. Acreditam não somente pertencerem um ao outro, mas, também, todos eles a Deus.

Como consequência desse senso supremo de pertencimento, surge por parte dos cristãos, a noção subjetiva de não pertença, ou seja, de não fazer parte deste "mundo", de não se submeter às paixões da natureza humana, ou até mesmo de não ceder às invocações definitivas da morte. A partir do paradoxo *pertencer e não pertencer* vem a mística cristã de vida e oração, que na visão deles é a expectativa do encontro final e transcendente com Deus em "*outra dimensão*", onde os cristãos acreditam que viverão e que todas as suas necessidades serão supridas.

Pertencimento é uma palavra de ordem sociológica. Os cristãos preferem usar a palavra "amor" para descreverem seu jeito particular de pertencimento, de acordo com Guite (2010).

Para compreendermos os cristãos, suas variedades práticas e ensinamentos, devemos remeter tudo ao tema central do amor como a chave para a compreensão daquilo em que eles acreditam.

A justificativa de o "amor" ser uma motivação central para os cristãos está no capítulo 22, versículos 37 ao 40 do evangelho de São Mateus, apóstolo de Jesus Cristo:

> Jesus respondeu:
>
> ___ "Ame o Senhor, seu Deus, com todo o coração, com toda a alma e com toda a mente." Este é o maior mandamento e o mais importante. E o segundo mais importante é parecido com o primeiro: "Ame os outros como você ama a você mesmo." Toda a Lei de Moisés e os ensinamentos dos profetas se baseiam nesses dois mandamentos. (BÍBLIA, 2008, p. 1212).

E também no capítulo 13, versículo 34 do evangelho de São João, apóstolo de Jesus Cristo, ao qual o autor atribui tais palavras a Jesus:

> Eu lhes dou este novo mandamento: amem uns aos outros. Assim como eu os amei, amem também uns aos outros. (BÍBLIA, 2008, p. 1553).

E no capítulo 4, versículo 16 da Primeira Epístola de João (1 João), carta escrita por São João, apóstolo de Jesus Cristo, para instruir a Igreja:

> E nós mesmos conhecemos o amor que Deus tem por nós e cremos nesse amor. Deus é amor. Aquele que vive no amor vive unido com Deus, e Deus vive unido com ele. (BÍBLIA, 2008, p. 1653).

Esse "amor" é um ideal cristão difícil de ser alcançado, em primeiro lugar, por que há vários tipos distintos de doutrinas e seguidores cristãos. Em segundo, porque os homens são falíveis e, portanto, nem todos conseguem seguir a doutrina tal como formulada. No entanto, a vertente pentecostal valoriza e externa esse ideal através do trabalho missionário dos agentes religiosos em presídios, hospitais, etc. Seguindo a passagem bíblica, referente ao juízo final, no evangelho de São Mateus, capítulo 25, versículos 31 ao 40:

> Jesus terminou dizendo:
>
> __ Quando o Filho do Homem vier como Rei, com todos os anjos, ele se sentará no seu trono real. Todos os povos da terra se reunirão diante dele, e ele separará as pessoas umas das outras, assim como o pastor separa as ovelhas das cabras. Ele porá os bons à sua direita, e os outros à esquerda. Então o Rei dirá aos que estiverem à sua direita: "Venham, vocês que são abençoados pelo meu Pai! Venham e recebam o Reino que o meu Pai preparou para vocês desde a criação do mundo. Pois eu estava com fome, e vocês me deram comida; estava com sede, e me deram água. Era estrangeiro, e me receberam na sua casa. Estava sem roupa, e me vestiram; estava doente, e cuidaram de mim. Estava na cadeia, e foram me visitar."
>
> __ Então os bons perguntarão: "Senhor, quando foi que o vimos com fome e lhe demos comida ou com sede e lhe demos água? Quando foi que vimos o senhor como estrangeiro e o recebemos na nossa casa ou sem roupa e o vestimos? Quando foi que vimos o senhor doente ou na cadeia e fomos visitá-lo?

__Aí o Rei responderá: "Eu afirmo a vocês que isto é verdade: quando vocês fizeram isso ao mais humilde dos irmãos, foi a mim que fizeram." (BÍBLIA, 2008, p. 1218-1219).

b) Crer:

A segunda característica do que significa ser cristão é "crer". Essa característica é manifesta dentro da comunidade que é formada em função do senso de pertencimento. Os pertencentes a essa comunidade assumem um sistema de crenças e com o tempo passam a viver de acordo com esse sistema que é baseado em uma estrutura de fé no papel central de Jesus Cristo como ponto de encontro entre Deus e a humanidade, os cristãos acreditam ser Jesus o responsável pela restauração de um relacionamento antes destruído.

Tais crenças são enfatizadas e expressadas de maneiras diferentes pelas várias comunidades cristãs. Por vezes, as diferenças são tão grandes e inconciliáveis entre os cristãos, a ponto de romper os vínculos de pertencimento sobre os quais nasceram e se desenvolveram uma dada comunidade, levando, portanto às cismas e até mesmo às guerras religiosas – desafio da crença e sua relação com tolerância x intolerância entre grupos cristãos.

c) Agir:

A terceira característica comum ao significado de ser cristão é enfatizada no "agir", ou seja, no comportamento. O cristianismo tem como uma de suas idéias centrais a noção de que o comportamento humano é relevante e que suas implicações são eternas. Para os cristãos, o que fazemos é tanto consequência quanto causa do que somos. Os cristãos acreditam ser possível escolher entre o bem e o mal, e que o critério norteador de tais escolhas deve ser o amor.

Faz-se necessário deixarmos claro que os princípios: *crer, pertencer e agir* são ideais cristãos a serem alcançados, pois não necessariamente, todos os cristãos sejam assim, pois como já foi dito, os homens são falhos. Os cristãos reconhecem que não são salvos pelas suas obras, mas sim pela graça de Deus, conforme o livro bíblico de efésios, capítulo 2, versículos 8 e 9:

> Pois pela graça de Deus vocês são salvos por meio da fé. Isso não vem de vocês, mas é um presente dado por Deus. A salvação não é o resultado dos esforços de vocês; porém ninguém pode se orgulhar de tê-la. (BÍBLIA, 2008, p. 1522).

A bíblia cristã

Pessoalmente, Jesus não deixou nada escrito. Ele queria que o seu evangelho, as "boas novas", como ele mesmo se referia sobre a vinda do Reino de Deus, fossem transmitidas de uma pessoa para outra. Conforme se pode inferir da frase atribuída a Jesus Cristo no capítulo 16, versículo 15 do evangelho de São Marcos, a oralidade tinha um papel central na propagação dos ensinos dele:

> Então ele disse:
> __ Vão pelo mundo inteiro e anunciem o evangelho a todas as pessoas. (BÍBLIA, 2008, p.1264).

A reivindicação dos discípulos diretos de Jesus e de todas as comunidades cristãs posteriores é a de que os encontros com Jesus não cessariam com a sua morte. A ideia central da fé cristã reside no fato de Jesus ter ressuscitado dentre os mortos, ter mantido contato com os discípulos depois da ressurreição e, ainda, prometido estar com eles, ensinando e inspirando até o fim dos tempos, de acordo com Guite (2010).

Para os cristãos, existem dois tipos de comprovação sobre a vida e a pessoa de Jesus: os registros documentais de sua vida e morte, e a tradição de testemunhos de encontros com Jesus depois de sua morte.

A Bíblia cristã é uma trama composta por dois fios, os 27 livros do Novo Testamento que se juntaram (quase como um comentário) aos livros já existentes da Escritura Judaica, o Antigo Testamento. O Novo Testamento contém relatos da vida e dos ensinamentos de Jesus anteriores à sua morte, bem como narrativas vívidas de pessoas que alegam ter se encontrado com ele depois de sua ressurreição. A corrente majoritária acadêmica concorda que os relatos bíblicos sobre a vida e ensinamentos de Jesus anteriores à sua morte são orientados e iluminados pelo que tem sido chamado de "experiência da Páscoa" – ou seja, o encontro com Jesus além da cruz e a convicção de que sua ressurreição era a verdadeira chave para entender a identidade de Cristo e tudo o que ele fez e disse (GUITE, 2010).

Os evangelhos, relatos bíblicos históricos da vida, morte e ressurreição de Jesus, são baseados em histórias passadas adiante oralmente a partir das primeiras testemunhas e pessoas que andaram com Jesus. Acredita-se que os evangelhos tenham sido escritos entre os anos 65 e 100 dc. Isto é, eles foram redigidos mais de trinta anos após a morte de Jesus. Devemos observar que esses evangelhos surgiram nas comunidades cristãs e o primeiro propósito deles era o de expressar a crença dessas comunidades de que Jesus era o próprio Deus que se tornara humano, como no capítulo 1, versículo 14 do evangelho de São João:

> A Palavra se tornou um ser humano e morou entre nós, cheia de amor e de verdade. E nós vimos a revelação da sua natureza divina, natureza que ele recebeu como filho único do Pai. (BÍBLIA, 2008, p.1324).

Muitos detalhes foram registrados nos evangelhos, não apenas por uma questão de precisão histórica ou bibliográfica, mas porque, para os cristãos, representavam uma verdade mais profunda sobre Jesus. Para eles, as informações estão ali não só como forma de contar a história, mas também de revelar o mistério. Por exemplo, quando o evangelho de São Mateus narra que Jesus nasceu em Belém, o escritor do evangelho pretende nos fazer entender, em primeiro lugar, que Jesus é o Messias prometido que, conforme as profecias do Antigo Testamento, nasceria lá. E, em segundo lugar, como o "pão da vida" oferecido a todos, pois Belém significa, literalmente, "casa do pão", em hebraico. Veja o evangelho de São João no capítulo 6, versículo 35:

> Jesus respondeu:
> __ Eu sou o pão da vida. Quem vem a mim nunca mais terá fome, e quem crê em mim nunca mais terá sede. (BÍBLIA, 2008, p. 1337).

Segundo os relatos bíblicos, Jesus nasceu como judeu na Palestina ocupada pelo Império Romano. Segundo a tradição cristã, ele nasceu de uma virgem e foi concebido pelo Espírito Santo, essa tradição foi inicialmente entendida pelos cristãos judeus como o cumprimento de uma antiga profecia do Antigo Testamento, segundo o qual provara que Jesus era o Messias[4] prometido. Depois, os cristãos não judeus passaram a ver nisso a união, em Cristo, de todas as coisas, o encontro do céu e da terra na pessoa de Jesus.

O que fazem os cristãos?

Não existe uma fórmula de prática e devoção que todos os cristãos possam seguir e, tendo feito isso, sintam que tenham cumprido seus deveres religiosos. Mas, segundo os evangelhos bíblicos, Jesus propôs um novo mandamento de amor, isso põe sobre as comunidades cristãs, e individualmente aos cristãos, a responsabilidade de discernir, diante às circunstâncias cotidianas que os cercam, o verdadeiro caminho que leva ao amor a Deus e ao próximo. Os cristãos se orientam pelas parábolas do Reino[5], pelas palavras da Oração ao Senhor[6] (o Pai Nosso) e pelas bem-aventuranças[7], além disso, os cristãos usam a sua liberdade e capacidade de discernimento como filhos de Deus (GUITE, 2010).

---

[4] A palavra Messias significa "ungido" – a palavra grega é "Cristo". Ungir com óleo quer dizer que a pessoa foi escolhida por Deus para cumprir um propósito especial. No Antigo Testamento, reis eram ungidos como sinal do seu cargo público. Ambas as palavras se referem a uma expectativa muito difundida entre os judeus, baseada na profecia do Antigo Testamento segundo a qual Deus enviaria a eles o Messias, o ungido que salvaria Israel e, como algumas profecias parecem sugerir, seria também o sinal de Deus para a salvação do mundo. (GUITE, 2010, p.34).

[5] O capítulo 13 do evangelho de Mateus trata de um dia em que Jesus passou ensinando sobre o seu reino por meio de parábolas. Parábola é uma história do cotidiano com uma aplicação espiritual. As parábolas de Jesus tratavam de agricultura, culinária, comércio, pesca, etc. Para saber mais, consulte: BÍBLIA (2008).

[6] Tanto no capítulo 6, versículos 5-14 do evangelho de Mateus, quanto no capítulo 11, versículos 1-13 do evangelho de Lucas , Jesus ensina aos seus discípulos como convém orar. Para saber mais, consulte: BÍBLIA (2008).

[7] Trata-se de 9 ensinamentos contidos no capítulo 5, versículos 1-11 do evangelho de Mateus, no qual Jesus pregou o Sermão da Montanha para ensinar e revelar aos homens a verdadeira felicidade. Para saber mais, consulte: BÍBLIA (2008).

Existem certas práticas, tradições e ritos que formam uma estrutura construída e reafirmada a cada geração de fé. Essa estrutura capacita os cristãos a manter contato com a sua comunidade, com os ensinamentos de sua fé e com Deus. Ela pode ser resumida em oração, sacramento e caridade (GUITE, 2010).

a) Oração:

Os cristãos acreditam que suas orações são levadas a Deus por intermédio de Jesus Cristo, que intercede por eles, neles e com eles. A oração é um ato tanto particular quanto coletivo, os cristãos de todas as denominações reconhecem ser necessário se reunirem (GUITE, 2010).

Tradicionalmente, os cristãos se reúnem em devoção no domingo, que é considerado o Dia do Senhor, pelo fato de, segundo a Bíblia, a ressurreição de Jesus ter sido no domingo. Nesse ato de se reunirem como igreja é que os cristãos acessam outro elemento essencial à vida espiritual, o campo do sacramento (GUITE, 2010).

b) Sacramentos:

Os cristãos consideram o sacramento como sendo um sinal externo e visível de uma graça interna e espiritual. O batismo e a Santa Comunhão (Santa Ceia ou Eucaristia) são considerados os principais sacramentos pelos cristãos. (GUITE, 2010).

> O batismo, lavagem ritual que, em alguns casos, envolve imersão completa, é o rito de entrada na fé cristã, e só pode acontecer uma vez. Seu significado é captado em um antigo termo da língua inglesa: *christened* ("batizado em uma igreja cristã"). Quando

uma pessoa é batizada, ela passa a fazer parte do corpo de Cristo, e ele também passa a fazer parte dela. Outra imagem recorrente para o significado do batismo é a do novo nascimento. O cristão emerge das águas do batismo nascido de novo, dessa vez não mais como um simples filho de pais terrenos, mas um filho de Deus. (GUITE, 2010, p. 130-131).

Para os cristãos, a Santa Comunhão (Santa Ceia ou Eucaristia) significa memorar a morte de Jesus por eles, e a promessa de que Jesus voltaria para levá-los ao Reino de Deus. Os cristãos se baseiam no capítulo 26, versículos 26 a 30 do evangelho de São Mateus:

> Enquanto estavam comendo, Jesus pegou o pão e deu graças a Deus. Depois partiu o pão e deu aos discípulos, dizendo:
>
> __ Peguem e comam; isto é o meu corpo.
>
> Em seguida, pegou o cálice de vinho e agradeceu a Deus. Depois passou o cálice aos discípulos, dizendo:
>
> __ Bebam todos vocês porque isto é o meu sangue, que é derramado em favor de muitos para o perdão dos pecados, o sangue que garante a aliança feita por Deus com o seu povo. Eu afirmo a vocês que nunca mais beberei deste vinho até o dia em que beber com vocês um vinho novo no Reino do meu Pai.
>
> Então eles cantaram canções de louvor e foram para o monte das Oliveiras. (BÍBLIA, 2008, p. 1220-1221).

Sobre a Santa Comunhão, o apóstolo Paulo também escreveu no capítulo 11 da primeira epístola aos coríntios, versículos 26 a 32, além do que já foi dito sobre a Santa Comunhão, Paulo fala também a cerca da santidade, requisito para participar desse momento de comunhão com Deus e com os demais cristãos:

> De maneira que, cada vez que vocês comem deste pão e bebem deste cálice, estão anunciando a morte do Senhor, até que ele venha. Por isso aquele que comer do pão do Senhor ou beber do seu cálice de modo que ofenda a honra do Senhor estará pecando contra o corpo e o sangue do Senhor. Portanto, que cada um examine a sua consciência e então coma o pão e beba do cálice. Pois, a pessoa que comer do pão ou beber do cálice sem reconhecer que se trata do corpo do Senhor, estará sendo julgada ao comer e beber para seu próprio castigo. É por isso que muitos de vocês estão doentes e fracos, e alguns já morreram. Se examinássemos primeiro a nossa consciência, nós não seríamos julgados pelo Senhor. Mas somos julgados e castigados pelo Senhor, para não sermos condenados junto com o mundo. (BÍBLIA, 2008, CAP. 11, vers. 26-32, p. 1477-1478).

c) Caridade:

Por fim, deve-se mencionar que os cristãos reconhecem que doar àqueles que estão em necessidade é parte essencial e constitutiva da vida cristã, daí a importância que alguns segmentos doutrinários conferem à prática da caridade:

A palavra "caridade" tem raiz no latim *caritas*, usado na tradução da palavra grega *ágape*, a qual descreve o amor de Deus pela humanidade, revelado em Cristo. Os cristãos procuram, por meio de ofertas e obras de caridade, agradecer por terem recebido esse amor, transmitindo-os a outras pessoas. (GUITE, 2010, p.132).

Da Igreja Primitiva ao Pentecostalismo

Desde o início, o cristianismo organizou-se como igreja (do grego ekklesía, reunião), sob a autoridade dos apóstolos e dos seus sucessores. Estes nomearam anciãos (presbíteros, em grego) para dirigirem as novas comunidades. Logo surgiram os grupos de servidores (diáconos, em grego) para a assistência aos pobres das comunidades. Aos poucos se estruturou uma hierarquia: os responsáveis pelas comunidades eram os bispos (do grego, episcopos, supervisor) auxiliados pelos presbíteros e diáconos. Os discípulos espalharam-se pelas regiões do Mediterrâneo, inclusive Roma, e fundaram várias comunidades. Nos três primeiros séculos, os cristãos sofreram grandes perseguições, primeiro das autoridades religiosas do judaísmo e, a partir do século I d.c., dos romanos.

Durante o reinado dos imperadores Nero, Trajano, Marco Aurélio, Décio e Diocleciano, milhares de cristãos foram mortos por se recusarem a adorar os deuses do Império e a reconhecer a divindade do imperador. Em 313, o imperador Constantino converteu-se ao cristianismo, que se expandiu por todo o Império. Até o século XI, duas grandes tradições conviviam no interior do cristianismo: a latina, no Império Romano do Ocidente, com sede em Roma, e a bizantina, no Império Romano do Oriente, com sede em

Constantinopla (Bizâncio, atualmente, Istambul). Em 1054, controvérsias teológicas, entre elas a da doutrina da Santíssima Trindade, provocaram a ruptura entre as igrejas do Oriente e do Ocidente, que se excomungaram mutuamente, dando origem à Igreja Católica Apostólica Romana e à Igreja Ortodoxa, esse fato ficou conhecido como "Grande Cisma do Oriente" (CESARÉIA, 1999).

No século XVI surge entre os católicos um movimento que reivindica a reaproximação da Igreja do espírito do Cristianismo Primitivo. A resistência da hierarquia da Igreja levou os reformadores a constituírem confissões independentes, dando origem a segunda grande cisma cristã (Reforma Protestante).

Os principais reformadores são Martinho Lutero e João Calvino, no século XVI, e engloba grande número de movimentos e denominações distintas. Atualmente a Igreja Protestante (também chamada de Igreja Evangélica) pode ser dividida em duas vertentes: Denominações Históricas – resultado direto da reforma protestante, destacam-se nesta vertente os luteranos, anglicanos, presbiterianos, metodistas e batistas-. E as Denominações Pentecostais – originárias em um movimento do início do século XX-, que são baseadas na crença na presença do Espírito Santo na vida do cristão, através de sinais denominados por estes como dons do Espírito Santo, tais como falar línguas estranhas (glossolalia), curas, milagres, visões, etc.

Apresentaremos essa segunda vertente da Igreja Protestante, o Pentecostalismo, no próximo capítulo.

2

A História do Pentecostalismo

opularmente o pentecostalismo é sinônimo de "conjunto de igrejas de crentes", nos quais os membros podem vir a serem estigmatizados como "crentes fanáticos". Neste momento, apresentaremos ao leitor algumas considerações sobre o pentecostalismo no intuito de desvelar o que há para além das ideias que permeiam o senso comum, Afinal, sabemos que até mesmo no meio acadêmico o termo pentecostalismo, pode vir a soar com certa estranheza, já que se constitui num campo diversificado e, ainda, sem uma história acadêmica. Segundo Freston (1996, p. 67), "[...] essa negligência acadêmica da dimensão histórica talvez esconda um desprezo inconsciente" dos intelectuais e pesquisadores.

A Origem do Pentecostalismo

O pentecostalismo é um movimento que teve origem nos Estados Unidos da América, cujas raízes estão fincadas nos movimentos avivalistas[8]

---

[8] O avivamento é definido como uma vitória sobre o mundo, e sobre o pecado, uma experiência de vida nova, quando os crentes cheios do Espírito Santo transformam situações de pecado, maldades e escuridão em momentos de prazer e deleites na presença de Deus. Cf. SHEDD, Russel. Avivamento e renovação: em busca do poder transformador de Deus. São Paulo: Shedd publicações, 2004.
O movimento de avivamento data de 1727, quando um grupo de protestantes, seguidores de Huss, Lutero, Calvino e outros reformadores, fugindo de perseguições, acharam asilo em Herrnhut, no patrimônio do conde de Zinzendorf, na Alemanha. Lá passaram a orar e num domingo receberam o derramamento do Espírito Santo de uma forma intensa, com êxtase. Este grupo ficou conhecido como

dos séculos XVIII e XIX, quando pregadores anunciavam a promessa do "derramamento do Espírito Santo". Por volta de 1906 a 1908, começou num antigo prédio na Rua Azusa, em Los Angeles, nos Estados Unidos da América, um movimento religioso que mudaria completamente o cenário da religiosidade cristã protestante[9] contemporânea. Tratava-se do movimento pentecostal que, por meio de um grupo de cristãos protestantes, revivia a experiência acontecida no dia de Pentecostes[10], conforme escrito no livro de Atos dos Apóstolos, capítulo 2, versículos 1 ao 4:

> Quando chegou o dia de Pentecostes, todos os seguidores de Jesus estavam reunidos no mesmo lugar. De repente, veio do céu um barulho que parecia o de um vento soprando muito forte e esse barulho encheu toda a casa onde estavam sentados. Então todos viram umas coisas parecidas com chamas, que se espalharam como línguas de fogo; e cada pessoa foi tocada por uma dessas línguas. Todos ficaram cheios do Espírito Santo e começaram a falar em outras línguas, de acordo com

os morávios – por que grande parte deles tinha saído da província Moravia, na Checoslováquia -. Esta fase é conhecida como o Avivamento Morávio. Cf. Sangue e fogo: a história do avivamento morávio. (Americana, Worship produções, 1982). O avivamento teve outros momentos na história. Cf. ECLÉSIA: revista evangélica do Brasil. São Paulo: ASEC, n.118, ano 11, [2007], p. 44-51.

[9] Cf. LIMA, Eunice Guimarães. Protestante no Brasil- Colônia. p. 30-49.

[10] O vocábulo "pentecostes" tem origem grega "petêkonta hêmeras" que por sua vez é tradução do hebraico "hᵃmishsïm yôm" cujo significado é "cinqüenta dias". Era uma festa dos judeus – **Festa de Pentecostes.** Contava-se cinqüenta dias depois da Páscoa e celebrava-se esta festa que também coincidia coma colheita da cevada. Por essa razão, era também a Festa da colheita e ainda: dia das Primícias. Como o lapso temporal entre a Páscoa e esta festa era de 7 semanas, chamavam também o dia de Pentecostes de "Festa das Semanas". Independente do dia da semana que caía, este dia era um "sábado" (i.e.*descanso*). Cf. O NOVO DICIONÁRIO DA BÍBLIA. Ed. ORGANIZADOR: J.D.Douglas M.A.PhD. Vol.III, p. 1265- Edições vida Nova- S. Paulo - 1986.

o poder que o Espírito dava a cada pessoa. (BÍBLIA, 2008, p.1372 – 1373).

Os cultos da Rua Azusa, nº 312, eram dirigidos por um pastor negro, Willian J. Seymour[11]. Sob a liderança do Pastor Seymour, os cristãos protestantes da Rua Azusa reviviam a experiência dos primeiros cristãos: falavam línguas estranhas, recebiam curas e acreditavam na manifestação de dons sobrenaturais, era, portanto, um movimento de avivamento.

Notícias sobre as reuniões na Rua Azusa começaram a se espalhar, e multidões, dentre os quais jornalistas e líderes cristãos passaram a frequentar as reuniões para poder experimentar, ou apenas conferir o que estava acontecendo. Assim, o movimento ganhava notoriedade e espalhava-se por todo o mundo.

Os jornais da época noticiavam os acontecimentos de forma depreciativa. Os repórteres se referiam aos pentecostais da Rua Azusa como "uma nova seita de fanáticos", frequentada, em sua maioria, por negros e imigrantes pobres, liderados por um "velho negro" (ECLÉSIA, 2007, p. 45). Os frequentadores dos cultos da Rua Azusa eram chamados de fanáticos, descontrolados, e o ato de falar línguas era visto como algo anormal.

O Jornal Los Angeles Times, na edição de 18 de abril de 1906, trazia a seguinte notícia:

> Gritos estranhos e palavras que nenhum mortal em seu juízo normal pudesse entender. Foi dessa forma que

---

[11] Seymour estudou a bíblia no Bethel Bible College, uma escola fundada por Charles Fox Parham. A escola foi organizada numa mansão em Topekas – Kansas, EUA. Seymour foi aluno de Parham mas "Por causa das leis de segregação racial só tinha autorização para sentar no corredor, ao lado da porta da sala de aula, e ouvir o que Parham e outros falavam e lecionavam pela fresta. Não tinha permissão nem mesmo para orar junto com os outros.". Cf. ECLÉSIA: revista evangélica do Brasil. São Paulo: ASEC, n.118, ano 11, [2007], p. 46-47.

teve início, em Los Angeles, a mais recente seita religiosa. As reuniões acontecem em um prédio decadente da Rua Azusa, e os devotos de doutrinas estranhas praticam os ritos mais fanáticos, pregam as mais extravagantes teorias e se colocam em um estado de louca euforia quando se entregam ao fervor pessoal. (ECLÉSIA, 2007, p. 45).

É perceptível que o novo movimento religioso que surgia, ganhava notoriedade de forma jocosa e negativa, e este estigma tem se transformado em característica dos pentecostais até os dias atuais.

Para Seymour, qualquer pessoa poderia se aproximar de Deus, por meio do Espírito Santo. Bastava uma vida de santidade[12]. Esse princípio possibilitava a todas as pessoas, inclusive aos mais pobres, a liberdade de culto e louvor, livre da hierarquização instituída nas igrejas históricas, proporcionando a elas o sentimento de pertencimento e autonomia religiosa, conferindo ao novo movimento religioso uma característica pluralista e democrática. Olhando atentamente, percebemos que o pentecostalismo surge no meio dos pobres e de negros, como um movimento religioso de excluídos. Porém, apesar do caráter pluralista do novo movimento, os cristãos brancos se separavam dos cristãos negros.

Nos três anos que se seguiram, a nova igreja, liderada por Seymour, conhecida como Missão da Fé Apostólica, atraía um grande número de pessoas, inclusive líderes de outras igrejas, que visitavam a igreja numa tentativa de entender o que acontecia ali. Em meio à efervescência do novo movimento, surgiam também pequenos grupos que adaptavam os sinais

---

[12] O movimento de santificação surgiu com Wesley entre os metodistas, quando foram estabelecidas normas de comportamento e conduta, para a busca da perfeição cristã. Disponível em: < www.comunidademetodista.com.br/johnwesley/ >. Acesso em: 05 dez. 2011.

pentecostais às novas pregações e se desvinculavam do pentecostalismo da Rua Azusa, espalhando-se pelo mundo, num árduo trabalho missionário de evangelização.

> Outros fatores ajudaram na rápida expansão mundial: os muitos missionários americanos no exterior que mantinham contato com os acontecimentos na pátria, e os muitos imigrantes nos Estados Unidos em contato com seus países de origem e com patrícios emigrados para outros lugares. (FRESTON, 1996, p. 75).

Foi através de um imigrante italiano chamado Luigi Francescon, que o pentecostalismo chegou no Brasil.

O Pentecostalismo no Brasil

Sobre o Pentecostalismo no Brasil, há que se ressaltar uma enorme diversidade entre as várias igrejas pentecostais existentes no Brasil. Neste sentido, consideramos importante destacar que a implantação do pentecostalismo no Brasil se deu em três momentos. Freston (1996) classifica como "a história das ondas" a implantação das igrejas em três momentos: a primeira onda, na década de 1910, com a chegada da Congregação Cristã no Brasil e a fundação da Assembleia de Deus; a segunda onda nos anos 1950/1960 com as Igrejas Evangelho Quadrangular, Brasil para Cristo e Deus é Amor; e a terceira onda que ocorre a partir de 1970/1980 com a Igreja Universal do Reino de Deus e Igreja Internacional da Graça de Deus e mais recentemente Renascer em Cristo, Igreja Mundial de Cristo, e Mundial do Poder de Deus.

Apresentaremos ao leitor, um histórico da origem do pentecostalismo no Brasil e, posteriormente, as "ondas" sob a perspectiva de Mariano (1999).

A origem do pentecostalismo no Brasil

Luigi Francescon foi o fundador da igreja Congregação Cristã no Brasil (CCB)[13]. Sobre as origens da igreja e seu fundador, só existe um breve relato escrito pelo próprio Francescon em 1942. Publicado pela CCB, este relato foi intitulado *Histórico da Obra de Deus, Revelada Pelo Espírito Santo, No Século Atual*[14]. É importante lembrarmos que a CCB conserva em suas práticas uma predileção pela tradição oral, não havendo publicações e ou distribuição de jornais, folhetos ou mensagens de qualquer natureza.

Luigi Francescon nasceu em 29 de março de 1866, na comarca de Cavasso Nuovo, um pequeno centro agrícola da província de Udine, na Itália, onde exercia a profissão de mosaísta. Prestou o serviço militar e, como outros italianos, emigrou para os Estados Unidos da América na última década do século XIX, estabelecendo-se em Chicago, no Estado de Illinois.

Em 1890, teve contato com a mensagem cristã protestante, por meio de Miguel Nardi, um religioso italiano e evangelista independente. Em 1892, junto com algumas famílias da fé Valdense[15], fundaram a primeira Igreja Presbiteriana Italiana.

---

[13] A sigla CCB será usada para fins de simplificação sempre que me referir à Igreja Pentecostal Congregação Cristã no Brasil.

[14] Trata-se de uma publicação de circulação interna e, portanto, não segue normas de publicação.

[15] Movimento liderado por Pedro Valdo – 1176- rico comerciante de Lyon que leu uma tradução do Novo Testamento e impressionado com os ensinos de Cristo, manteve para si só os bens necessários à sobrevivência da família e organizou o grupo "Pobres de Espírito". Pregavam aos leigos, sendo por isso, excomungados em 1184. Defendiam que, todos deveriam possuir a Bíblia em sua própria língua,

Luigi Francescon relata que no início do ano de 1894, teve uma revelação sobre o batismo de emersão[16], e passou a questionar o batismo por aspersão[17] praticado pela Igreja Presbiteriana Italiana. Deste momento em diante, anunciou e defendeu o batismo por emersão, descrito na carta do apóstolo São Paulo aos Colossenses no capítulo 2, versículo 12, porém, os demais cristãos pertencentes à Igreja Presbiteriana Italiana não aceitaram sua pregação sobre o batismo por emersão. Contudo, ele sentia a necessidade de ser batizado por emersão, e não desistia de anunciar o que, segundo ele, lhe fora revelado.

> Pois, quando vocês foram batizados, foram sepultados com Cristo; e no batismo também foram ressuscitados com ele por meio da fé que vocês têm no grande poder de Deus, o mesmo Deus que ressuscitou Cristo. (BÍBLIA, 2008, CAP. 2, vers. 12, p. 1543-1544).

No dia 7 de setembro de 1903, Francescon foi batizado por emersão, juntamente com outros 18 membros da Igreja Presbiteriana Italiana, que pediram o desligamento da Igreja Presbiteriana e passaram a reunir-se em suas casas.

O grupo passou a se reunir junto com os demais pentecostais e Francescon ocupou o lugar de ancião[18] nessa igreja até 29 de junho de 1908,

---

e aceitavam a ordenação leiga. Anteciparam os ensinos da Reforma e existem, ainda hoje, no norte da Itália.

[16] Batismo em que o batizado é mergulhado na água e emerge dela.

[17] Batismo em que a água é derramada sobre o batizado.

[18] Atualmente o termo ancião é usado pelos cristãos da CCB, ao se referirem ao cargo mais alto na Igreja. O ancião é o cargo equivalente ao de pastor para outras igrejas pentecostais. Porém a CCB, adota o nome de ancião e não admite o pagamento do dízimo ou de qualquer outra tipo de remuneração que possa ser entendida como pagamento de salário pelos serviços prestados em relação à Igreja. Todo o trabalho desempenhado pelo ancião ou qualquer outro membro

ocasião em que ele e sua esposa partiram para o trabalho de evangelização da colônia italiana nos Estados Unidos.

No mês de setembro de 1909, Francescon e um pequeno grupo de irmãos viajaram para Buenos Aires, e, em março de 1910, Francescon partiu para São Paulo, Brasil, posteriormente para Santo Antonio da Platina, no Paraná, onde fez sua pregação. Lá, encontrou sérias dificuldades: achava-se doente, sem dinheiro e não falava o idioma português. Entretanto, foi acolhido pela família de Vicenzo Pievani e, em poucos dias, já havia batizado, nas águas, 11 pessoas.

Quando a comunidade de Santo Antônio da Platina soube do ocorrido, perseguiu Francescon e o ameaçou de morte, por isso, ele retornou para São Paulo em 20 de junho, onde sua pregação foi ouvida e aceita por presbiterianos, batistas, metodistas e alguns poucos católicos.

Chegava assim, ao Brasil, o pentecostalismo, e dava início a um movimento religioso de grandes proporções.

As Três Ondas: Pentecostalismo Clássico, Deuteropentecostalismo e Neopentecostalismo

Como já foi dito anteriormente, apresentaremos as "ondas" na perspectiva de Mariano (1999), que consiste na caracterização do pentecostalismo em tipologias. Mariano considera que o pentecostalismo brasileiro possui características peculiares que permite dividi-lo em três diferentes ondas.

---

da CCB em prol da Igreja é voluntário e sem remuneração.

A primeira onda: pentecostalismo clássico

A primeira onda do pentecostalismo brasileiro recebe o nome de *pentecostalismo clássico* e, segundo Mariano (1999), vai de 1910 a 1950, desde a implantação da Congregação Cristã no Brasil, em 1910, em São Paulo, e da Assembleia de Deus, em Belém no Pará, em 1911[19]. Freston (1996) também faz essa distinção do pentecostalismo brasileiro em três ondas e afirma que:

> O pentecostalismo brasileiro pode ser compreendido em três ondas de implantação de igrejas. A primeira onda é a década de 1910, com a chegada quase simultânea da Congregação Cristã (1910) e da Assembléia de Deus (1911). Estas duas igrejas têm campo para si durante 40 anos, pois suas rivais (vindas do exterior, como a Igreja de Deus, ou de cismas da Assembléia, como a Igreja de Cristo) são inexpressivas. A Congregação, após grande êxito inicial, permanece mais acanhada, mas a Assembléia se expande geograficamente nesse período como a Igreja protestante nacional por excelência. Em alguns estados do Norte, o protestantismo praticamente se reduz a ela. Para todos os efeitos a única grande igreja protestante a implantar-se e irradiar-se fora do eixo Rio-São Paulo, a Assembléia firmou, nas primeiras décadas, uma presença nos pontos de *saída* do futuro fluxo migratório. (FRESTON, 1996, p. 70-71).

---

[19] Para saber mais da história dessas igrejas, confira: Campos Júnior (1995) e Freston (1996).

Por fim, uma característica importante dessas igrejas da primeira onda do pentecostalismo brasileiro que as diferenciam da segunda onda é a ênfase no dom da língua, a glossolalia.

A segunda onda: deuteropentecostalismo

A segunda onda do pentecostalismo brasileiro é classificada por Mariano (1999) como *deuteropentecostalismo* e se inicia em 1950, na cidade de São Paulo. Freston (1996, p. 71) afirma que:

> A segunda onda pentecostal é dos anos 50 e início de 60, na qual o campo pentecostal se fragmenta, a relação com a sociedade se dinamiza e três grandes grupos (em meio a dezenas de menores) surgem: a Quadrangular (1951), Brasil para Cristo (1955) e Deus é Amor (1962) [20].

Ainda sobre o surgimento da segunda onda, Mariano (1999, p. 30) afirma que:

> A segunda onda teve início nos anos 50 na cidade de São Paulo com o trabalho missionário de dois ex-atores de filmes de faroeste do cinema americano, Harold Williams e Raymond Boatrigth, vinculados à *International Church of the Foursquare Gospel*[21]. À

---

[20] Para saber mais sobre a história dessas igrejas, confira: Campos Júnior (1995) e Freston (1996).

[21] "O estranho nome da Evangelho Quadrangular decorre dos quatros atributos de Cristo nos quais a
Igreja baseia sua mensagem: Cristo Salvador, Santificador (ou Batizador no Espírito Santo), Curador e Rei que voltará. Cumpre dizer que Aimee Semple McPherson,

frente da Cruzada Nacional de Evangelização, braço evangelístico da Evangelho Quadrangular (São Paulo, 1951) (*sic*) eles trouxeram para o Brasil o evangelismo de massa centrado na mensagem da cura divina. Difundiram-na por meio do rádio[22], do evangelismo itinerante em tendas de lona, de concentrações em praças públicas, ginásios de esportes, estádios de futebol, teatros e cinemas. Com mensagem sedutora e métodos inovadores e eficientes, atraíram, além de fiéis e pastores de outras confissões evangélicas, milhares de indivíduos dos estratos mais pobres da população, muitos dos quais migrantes nordestinos. [...] No rastro das campanhas de cura divina da Cruzada surgiram as igrejas Brasil para Cristo (São Paulo, 1955), Deus é Amor (São Paulo, 1962), Casa da Benção (Belo Horizonte, 1964) e várias outras de menor porte.

As igrejas pentecostais fundadas a partir da década de 1950 foram essenciais para a visibilidade do pentecostalismo no Brasil, pois com suas mensagens sedutoras, principalmente com a ênfase na cura divina, causaram escândalos e chamaram a atenção da mídia. Mariano (1999) atribui à mídia e ao método da cura divina os principais elementos que contribuíram para o crescimento dessas denominações no país:

---

fundador da Quadrangular nos anos de 1920, não foi a criadora original, como freqüentemente se afirma, da mensagem 'quadrangular', ma sim A. B. Simpson, renomado pregador norte-americano de cura divina e líder da *Christian and Missionary Alliance*. Simpson estabeleceu o '*four-fold golpel*' no final do século XIX".(MARIANO, 1999, p. 30).

[22] O rádio que, "por sectarismo ou por considerá-lo mundano e diabólico, até a década de 50 não era usado pela Assembléia de Deus; a Congregação Cristã ainda hoje continua a não fazer uso de qualquer meio de comunicação de massa, nem mesmo de revistas, jornais, folhetos e literatura". (MARIANO, 1999, p.30).

> [...] ao chamarem atenção da imprensa, que os
> ridicularizava e os acusava de charlatanismo e
> curandeirismo, conseguiram pela primeira vez dar
> visibilidade a este movimento religioso no país. Com o
> êxito de sua missão, provocaram a fragmentação
> denominacional do pentecostalismo brasileiro, que, até
> então, praticamente contava só com Assembléia de
> Deus e Congregação Cristã. (MARIANO,1999, p. 30).

Apesar de o pentecostalismo brasileiro ter se fragmentado quarenta anos após o seu início, com a instalação das igrejas que compõem a segunda onda, as denominações das duas ondas – primeira e segunda – não apresentam diferenças significativas em suas teologias. Segundo Mariano (1999, p. 31), a diferença está na ênfase que cada denominação confere a um ou outro dom do Espírito Santo. Para o autor supracitado, a primeira onda enfatiza o dom das línguas, enquanto, a segunda, enfatiza o dom da cura. Dessa forma, o autor ainda afirma que:

> Esta relativa homogeneidade teológica se deve ao fato
> de a Quadrangular, que originou a segunda onda, ter
> nascido nos EUA com o mesmo corpo doutrinário
> trazido pelos missionários estrangeiros que aqui
> fundaram a Assembléia de Deus e a Congregação
> Cristã. A segunda onda constitui, portanto, um
> desdobramento institucional tardio, em solo brasileiro,
> do pentecostalismo clássico norte-americano.
> (MARIANO, 1999, p. 31- 32).

Contudo, lança-se a dúvida quanto à divisão dessas igrejas em duas ondas, já que elas não apresentam diferenças significativas em sua teologia. Assim, Mariano (1999) esclarece que:

> Justifica-se, assim, a divisão das duas primeiras ondas pentecostais pelo critério do corte histórico-institucional, mas não pela existência de diferenças teológicas significativas entre ambas. Tendo em conta que a segunda onda mantém o núcleo teológico do pentecostalismo clássico, mas se estabelece quarenta anos depois e com distinções evangelísticas e ênfases doutrinárias próprias, optamos por nomeá-la de *deuteropentecostalismo*. O radical *deutero* (presente no título do quinto livro do pentateuco) significa *segundo* ou *segunda vez*, sentido que o torna muito apropriado para nomear a segunda vertente pentecostal. (MARIANO, 1999, p. 32).

A terceira onda: o neopentecostalismo

Ao contrário das duas ondas apresentadas, a terceira onda – o neopentecostalismo – apresenta diferenças significativas quanto à teologia e ao proselitismo empregado em seus cultos. Para melhor compreensão, apresentaremos as principais características e denominações que compõem essa onda.

O neopentecostalismo[23] se inicia no final da década de 1970, ganhando expressão na década de 1980. Segundo Freston (1996), a

---

[23] "A terceira onda demarca o corte histórico-institucional da formação de uma corrente pentecostal que será aqui designada de *neopentecostal*, termo praticamente já consagrado pelos pesquisadores brasileiros para classificar as novas igrejas

expressão máxima da terceira onda é a Igreja Universal do Reino de Deus, fundada em 1977. Outra igreja importante desse movimento, segundo o autor, é a Igreja Internacional da Graça, fundada em 1980. Ainda segundo Freston, [...] "essas igrejas trazem uma atualização inovadora da inserção social e do leque de possibilidades teológicas, litúrgicas, éticas e estéticas do pentecostalismo. O contexto é fundamentalmente *carioca*" (1996, p. 71).

Mariano (1999), comentando as análises de Freston (1996), destaca a importância da Igreja de Nova Vida, fundada em 1960, no Rio de Janeiro, na origem das igrejas Universal do Reino de Deus, Internacional da Graça e Cristo Vive, a igreja Cristo Vive foi fundada em 1986 na cidade do Rio de Janeiro.

Além das igrejas supracitadas listadas por Freston (1996), Mariano (1999, p. 32) destaca outras igrejas que compõem o neopentecostalismo, que são elas: Comunidade Evangélica Sara Nossa Terra, fundada em 1976, no estado de Goiás; a Comunidade da Graça, fundada em São Paulo, em 1979; a Renascer em Cristo, fundada em 1986, em São Paulo e a Igreja Nacional do Senhor Jesus Cristo, também fundada em São Paulo, em 1994.

As principais características do neopentecostalismo, segundo Mariano são:

> 1) exarcebação da guerra espiritual contra o Diabo e seu séqüito de anjos decaídos; 2) pregação enfática da Teologia da Prosperidade; 3) liberalização dos estereotipados usos e costumes de santidade. Uma quarta característica importante é o fato de elas se estruturarem empresarialmente. E não é só isso. Elas

---

pentecostais, em especial a Universal do Reino de Deus. O prefixo *neo* mostra-se apropriado para designá-la, tanto por remeter à sua formação recente como ao caráter inovador do neopentecostalismo". (MARIANO, 1999, p. 33).

verdadeiramente agem como empresas e, pelo menos algumas delas, possuem fins lucrativos. Resulta destas características a ruptura com os tradicionais sectarismo e ascetismo pentecostais. Esta ruptura com sectarismo e o ascetismo puritano constitui a principal distinção do neopentecostalismo. E isso representa uma mudança muito grande nos rumos do movimento pentecostal. A ponto de se poder dizer que o neopentecostalismo constitui a primeira vertente pentecostal de afirmação do mundo. (MARIANO, 1999, p. 36).

O autor ainda completa:

Enquanto as duas primeiras ondas pentecostais não apresentam diferenças teológicas significativas entre si, verifica-se o oposto quando se compara o neopentecostalismo às vertentes precedentes. [...] Fica claro, portanto, que, além do corte histórico-institucional em ondas, as diferenças teológicas e [...] as comportamentais (abandono do ascetismo intramundano) e sociais (diminuição do sectarismo) compõem os critérios adotados para classificação do neopentecostalismo. Tendo em vista tais critérios, verifica-se que o neopentecostalismo não é definido isoladamente nem em si ou por si mesmo. Pelo contrário, é constituído a partir da adoção de parâmetros relacionais, tendo como referências contrastivas o pentecostalismo clássico e o deuteropentecostalismo. (MARIANO, 1999, p. 36-37).

Apesar da diferença temporal entre as ondas do pentecostalismo, não são todas as denominações religiosas que surgiram após 1975 que são classificadas como neopentecostais, pois elas podem não apresentar as características que marcam essa onda (MARIANO, 1999, p. 37).

A utilização dos meios de comunicação de massa por denominações religiosas, que na sua origem condenavam tais recursos na evangelização do povo, dá uma nova roupagem para tais denominações, pois passam a incorporar técnicas que são utilizadas por suas rivais, para que, dessa forma, não fiquem para trás na corrida em busca de fiéis.

Mariano (1999) destaca que há um processo de "neopentecostalização" em curso, pois afirma que existe uma crescente influência das igrejas neopentecostais sobre as demais igrejas, decorrente do sucesso, visibilidade e presença na mídia que tais denominações têm possuído. Segundo o autor, a disposição das denominações em incorporar os "modismos teológicos" e os rituais bem-sucedidos das igrejas neopentecostais, deverá diluir as diferenças existentes entre as denominações das diferentes ondas. Ainda segundo esse autor, até mesmo o protestantismo histórico já tem se apropriado de doutrinas e práticas que antes existiam somente no "circuito neopentecostal".

O Trabalho Missionário nos Presídios

Os cristãos pentecostais têm como uma de suas características doutrinárias o "amor ao próximo" e a prática da caridade, conforme já explicado nesta pesquisa. Eles expressam esse amor através dos trabalhos missionários em presídios, hospitais, etc. Motivados pela passagem bíblica, referente ao juízo final, no evangelho de São Mateus, capítulo 25, versículos

31 ao 40, que, em outras palavras, afirma que toda vez que uma pessoa visitar ou suprir as necessidades de um preso, ou a qualquer que necessite, estará fazendo a Jesus.

Jesus terminou dizendo:

__ Quando o Filho do Homem vier como Rei, com todos os anjos, ele se sentará no seu trono real. Todos os povos da terra se reunirão diante dele, e ele separará as pessoas umas das outras, assim como o pastor separa as ovelhas das cabras. Ele porá os bons à sua direita, e os outros à esquerda. Então o Rei dirá aos que estiverem à sua direita: "Venham, vocês que são abençoados pelo meu Pai! Venham e recebam o Reino que o meu Pai preparou para vocês desde a criação do mundo. Pois eu estava com fome, e vocês me deram comida; estava com sede, e me deram água. Era estrangeiro, e me receberam na sua casa. Estava sem roupa, e me vestiram; estava doente, e cuidaram de mim. Estava na cadeia, e foram me visitar."

__ Então os bons perguntarão: "Senhor, quando foi que o vimos com fome e lhe demos comida ou com sede e lhe demos água? Quando foi que vimos o senhor como estrangeiro e o recebemos na nossa casa ou sem roupa e o vestimos? Quando foi que vimos o senhor doente ou na cadeia e fomos visitá-lo?

__Aí o Rei responderá: "Eu afirmo a vocês que isto é verdade: quando vocês fizeram isso ao mais humilde dos irmãos, foi a mim que fizeram." (BÍBLIA, 2008, p. 1218-1219).

A doutrina bíblica cristã, que é a norma de conduta que rege a vida dos agentes religiosos pentecostais, incita-os à obra missionária, não somente, preocupando-se com a vida espiritual do homem, mas também com a necessidade material. E vai mais além, pois afirma que de nada adianta a fé, se ela não vier acompanhada de obras. Daí se justifica o fato dos missionários levarem comida, roupas, e materiais de higiene pessoal aos presos. Veja a epístola de Tiago, capítulo 2, versículos 14 ao 17, que diz:

> Meus irmãos, que adianta alguém que tem fé se ela não vier acompanhada de ações? Será que essa fé pode salvá-lo? Por exemplo, pode haver irmãos ou irmãs que precisam de roupa e que não têm nada para comer. Se vocês não lhes dão o que eles precisam para viver, não adianta nada dizer: "Que Deus os abençoe! Vistam agasalhos e comam bem." Portanto a fé é assim: se não vier acompanhada de ações, é coisa morta. (BÍBLIA, 2008, p. 1607).

Outra passagem bíblica bem específica em relação aos presos, e que remete os cristãos à solidariedade para com eles, está no livro bíblico de Hebreus, capítulo 13, versículo 3:

> Lembrem dos presos, como se vocês estivessem na cadeia com eles. Lembrem dos que sofrem, como se vocês estivessem sofrendo com eles. (BÍBLIA, 2008, p. 1602).

Conclui-se que a motivação para que alguns cristãos pentecostais se engajem no trabalho missionário é a obediência à Bíblia – que para eles é a sagrada "Palavra de Deus" – e uma prática de amor ao próprio Deus (na figura de Jesus) e ao próximo.

Como o alvo do "amor" dos missionários pentecostais em nossa pesquisa são os presos, apresentaremos, nos próximos capítulos, em que contexto jurídico e social tais presos se ambientam.

3

Crime, Penas e Prisões

É importante para a esta pesquisa, fazer uma explanação sobre o crime, as penas e as prisões, uma vez que essa é a área temática na qual se encontra o cerne das discussões que dizem respeito aos estudos deste trabalho

Crime

Para muitos teóricos clássicos "o delito era natural e fundamentava-se numa manifestação da natureza degenerada de alguns seres humanos, marcada por uma personalidade anormal, problemática, estranha ou inferior" (DORNELLES, 1988, p. 14). Desta linha de pensamento desenvolveu-se a Criminologia Positivista ou Tradicional, que passou a ser a versão mais difundida sobre a criminalidade.

Cabe destacar que, assim como os valores morais e as condutas aceitas como éticas variam de comunidade para comunidade, a valoração do comportamento humano e a definição sobre a noção de desvio será diferente em cada sociedade e em cada época, sendo determinada por todo um complexo processo de formação social nas quais as relações de poder desempenham um papel muito importante.

> A cultura, enquanto conjunto e símbolos, representações e valores, também é fundamental na avaliação dos comportamentos humanos. E é através de um processo de adaptação social – socialização - que

os indivíduos são marcados em sua personalidade por um tipo de cultura. Assim, um índio xavante, com normas morais e comportamentais próprias, não é uma pessoa socializada à nossa cultura urbano-industrial. O processo de socialização se dará por diversos meios. (DORNELLES, 1988, p.15)

Não há um conceito exato para definir o que é crime, podendo ser entendido de diversas formas e cada definição do crime se fundamenta a partir de diferentes concepções sobre a vida e o mundo. O crime pode ser definido como uma transgressão à norma legal, como uma manifestação de anormalidade do criminoso, ou como o produto de um funcionamento inadequado de algumas partes da sociedade.

Segundo Dornelles (1988), pode ser visto ainda como um ato de resistência, ou como o resultado de uma correlação de forças em dada sociedade, que passa a definir o que é crime e a selecionar a clientela do sistema penal de acordo com os interesses dos grupos detentores do poder e dos seus interesses econômicos.

É importante destacar a existência de uma dimensão que muitas vezes se identifica com o sociocultural, mas que, por outras, se desliga dele:

É a dimensão da lei, da norma jurídica. E esta se vincula apenas às expectativas sociais ou ao padrão cultural dominante em uma sociedade, mas apresenta uma relação direta com a forma de organização do poder na sociedade (DORNELLES, 1986, p.18).

Assim, podemos observar expectativas sociais que se tornaram leis ou não, ou seja, nem toda conduta que foge aos padrões da sociedade dominante, ou condutas desviantes, são tidas como criminosas, e tais condutas desviantes variam de acordo com a cultura de cada povo e de cada época. Em muitos países, por exemplo, a homossexualidade é considerada uma conduta desviante. Entretanto, essa conduta não é legalmente considerada ato criminoso em outros países, a exemplo do que ocorre na legislação do Brasil. O mesmo ocorre em relação ao adultério, que em algumas sociedades não é crime. Em outras, permanece como crime punido até com pena de morte.

Manoel Pedro Pimentel (1983) conceitua o crime sob dois aspectos: o formal e o material. O conceito formal seria aquele que versa sobre a contrariedade entre a conduta e a norma penal. Já o conceito material diria respeito aos elementos que constituem o fato delituoso, considerado moral e sociologicamente.

Desta forma, ao menos sob o ponto de vista formal, podemos concluir que todos são criminosos, pois quem nunca infringiu uma norma? Seja avançar o sinal vermelho – infração do Código de Transito ou comprar um produto que adentrou no país sem pagar o imposto de importação – descaminho ou contrabando, artigo 334 do Código Penal Brasileiro. Isto ocorre, dentre outras razões, porque nem sempre uma conduta criminalizável vem a ser criminada e, portanto, o seu autor não é incriminado em razão da seletividade que é inerente ao funcionamento de todo sistema de justiça criminal.

A Genealogia das Penas na Sociedade Brasileira

Nos primórdios da colonização, o sistema penal brasileiro estava contido nas ordenações Afonsinas, Manuelinas e Filipinas. Elas consagravam a desigualdade de classes perante o crime, devendo o juiz aplicar a pena de acordo com a gravidade do caso e a qualidade da pessoa. Os nobres, em regra, eram punidos com multa; aos peões ficavam reservados os castigos mais pesados e humilhantes, conforme Teles (1999).

De acordo com Teles (1999), as ordenações Afonsinas foram promulgadas por Dom Afonso V, em 1446, e vigoraram até 1521. As ordenações serviram de modelo para as ordenações posteriores, mas nenhuma aplicação teve no Brasil. As Ordenações Manuelinas continham as disposições do Direito Medieval, elaborado pelos práticos, e confundia religião, moral e direito. Vigoraram no Brasil entre 1521 e 1603, ou seja, somente após o início da exploração portuguesa, não chegando a ser verdadeiramente aplicadas porque a justiça era realizada pelos donatários. Já as Ordenações Filipinas vieram a ser aplicadas efetivamente no Brasil, sob a administração direta do Reino. Tiveram vigência a partir de 1603, findando em 1830 com o advento do Código Criminal do Império.

Segundo Teles (1999), durante a vigência das ordenações, a matéria penal estava contida no Livro 5, denominado *O Famigerado*. As penas fundavam-se na crueldade e no terror. Distinguiam-se pela dureza das punições. A pena de morte era aplicada com frequência e sua execução se realizava com peculiares características, como a morte pelo fogo até ser reduzido a pó e a morte cruel marcada por tormentos, mutilações, marca de fogo, açoites, penas infamantes, degredos e confiscações.

Com o advento da independência, a Assembleia Constituinte de 1823 decretou a aplicação provisória da Legislação do Reino; continuaram, assim, a vigorar as Ordenações Filipinas, até que com a Constituição de 1824 foram revogadas parcialmente. Naquele mesmo ano de 1823, foram encarregados de elaborar um Código Penal, os parlamentares José Clemente Pereira e Bernardo Pereira de Vasconcelos. Tendo cada um apresentado seu projeto, preferiu-se o de Bernardo, que sofreu alterações e veio a constituir o Código Criminal do Império, de 1830. Nele, manteve-se, ainda, a pena de morte, que acabou sendo tacitamente revogada por D. Pedro II quando do episódio da execução de Mota Coqueiro, no Estado do Rio de Janeiro, que, acusado injustamente, depois de morto teve provada sua inocência, conforme Canto (2000).

O Código Criminal de 1830 sofreu influências do Código Francês de 1810 e da Baviera de 1813, tendo, por sua vez, influenciado o Espanhol de 1848, que foi a base do de 1870 e que, por sua vez, veio a se constituir em modelo para os demais códigos de língua espanhola. Vê-se, assim, a importância do Código Criminal do Império, de 1830. Apesar disso, recebeu severas críticas, porque foi considerado liberal, estabeleceu a imprescritibilidade das penas, considerou a religião com primazia – incriminação dos delitos religiosos como mais importantes – e manteve a pena de morte. De acordo com Canto (2000).

Ao Código Criminal de 1830, seguiu-se o Código de Processo Penal, editado em 1832. Desde então, até o advento da República, várias leis foram publicadas. Com a República foi promulgado novo Código Penal, pelo Decreto 847, de 11 de outubro de 1890, baseado no projeto de Batista Pereira, em que foram adotados os princípios da escola clássica – 1. da reserva legal; 2. Divisão dicotômica da infração penal; 3. Penas: prisão celular, banimento e reclusão – . Mas continuava a edição de inúmeras leis. Em 1932, Vicente Piragibe fez uma compilação das leis vigentes que, sob a denominação de Consolidação das Leis Penais, passa a vigorar por força do Decreto 22.213, de 14 de dezembro de 1932, segundo Canto (2000).

Sobreveio a Revolução de 1937. O Presidente Getúlio Vargas, pretendendo fazer reformas legislativas, mandou que o Ministro da Justiça, Francisco Campos, designasse Alcântara Machado para elaborar o novo Código. Foi editado, então, o Decreto n. 2.848, de 7 de dezembro de 1940, que começou a vigorar somente em 1º de janeiro de 1942, a fim de que pudesse se tornar conhecido, conforme Canto (2000).

Ainda conforme o supracitado autor, ressalta-se que, no Código de 1940, – proveniente de um projeto preparado durante um período revolucionário, quando o Estado era a força maior –, deu-se maior importância à figura humana, predomínio dos direitos individuais, relegando os crimes contra o Estado ao último lugar da lista. Tratava-se de um código eclético, pois não se filiou a nenhuma escola. Principais características: pena e medida de segurança; individualização da pena; tecnicamente moderno.

A seguir foram editados o Código de Processo Penal, Decreto nº 3.689, de 03/10/1941; a Lei das Contravenções Penais, Decreto nº 3.688, também de 03/10/1941; a Lei de Introdução ao Código Penal, de 09/12/1941; e o Código Penal Militar, Decreto nº 6.227, de 24/01/1944.

Segundo Canto (2000), em 1962, Nelson Hungria ficou encarregado de elaborar um novo projeto de Código. Em 1964 foi designada uma comissão para a revisão do projeto final, composta pelo próprio Nelson Hungria, Aníbal Bruno e Heleno C. Fragoso. Em 1969 o projeto foi promulgado pelo Decreto-Lei nº 1.004, de 21 de outubro, mas restou revogado sem ter vigência.

O Código Penal, como já foi dito, foi instituído pelo Decreto-Lei nº 2.848/40, nos termos do art. 180 da Constituição de 1937. Daí em diante sofreu várias alterações, como as de 1977 e 1984, pelas Leis nº 6.416 e 7.209, respectivamente. Esta última, de 13/07/84, com eficácia a partir de 12/01/85, trata-se do efetivo Código Penal brasileiro.

O Código Penal de 1984 alterou substancialmente certos aspectos contidos no ordenamento anterior. Dentre as modificações, podemos citar, como relevantes, a figura do arrependimento posterior, a criação de um artigo próprio para a reabilitação e o desaparecimento das penas acessórias, conforme Canto (2000).

As Teorias e as Penas: aspectos constitutivos da matriz punitiva

De acordo com Oliveira (1996a), as teorias concebidas sobre a razão fundamental do direito de punir e a finalidade da pena foram inúmeras. Berner, *apud* Oliveira (1996a) classificou tais teorias em absolutas, relativas e mistas. A seguir, apresentaremos as principais características de cada uma dessas teorias:

As *teorias absolutas* ou *retribucionistas* são aquelas de caráter retributivo. Ou seja, a finalidade da pena é a expiação do delito, portanto, caracterizada pela retribuição e reparação. Essa Teoria foi concebida sob a influência dos povos orientais e da teologia cristã, que, por sua vez, foram a base do Direito Penal. Elas têm, como um caráter predominante, o castigo.

A expiação é um imperativo categórico, segundo Kant, *apud* Pimentel (1983), devendo ser imposta para atender a uma exigência ética, sendo reparação de ordem moral que serve somente à justiça. Para Hegel (1997), o castigo não era reparação de ordem ética, mas de natureza jurídica, o crime é a negação do direito e a pena é a negação jurídica do crime, restabelecendo o equilíbrio desfeito pela prática da infração penal.

As *teorias relativas* ou *utilitaristas*, segundo Pimentel (1983), apontam, como finalidade fundamental da pena, seu sentido utilitário e preventivo, onde:

> [...] a pena deve ser aplicada por ser útil e necessária à segurança da sociedade e à defesa social. O delito já não é mais fundamento da pena, mas seu pressuposto.

Não se castiga porque pecou, mas para que não peque (PIMENTEL, 1983, p 178).

Deste ponto de vista, a imposição da pena se torna eficaz, se for levado em conta, quando de sua aplicação, pelos seus efeitos prováveis e seus efeitos político-sociais utilitários. As teorias relativas podem se classificar em dois grupos: preventivas e reparadoras. As teorias preventivas mostram o cunho preventivo da pena, para evitar delitos futuros, enquanto as reparadoras pretendem, como fim da pena, corrigir consequências danosas do ato perpetrado.

As teorias preventivas, por sua vez, podem agir como uma prevenção geral ou especial. A prevenção é geral quando a sanção configura modo de evitar as violações futuras, agindo sobre toda a coletividade. A pena tem por finalidade impedir, através da intimidação a prática de delitos. A prevenção especial atua sobre o criminoso pela intimidação de sua personalidade. A pena tem uma única referência, intimidar o delinquente que cometeu um crime, e a execução da pena é entendida como meio adequado para evitar a reincidência desta pessoa, além de ser um instrumento de sua ressocialização.

Por fim, há que se abordarem as *teorias mistas*. Como denunciam a própria terminologia, elas conciliam o caráter retributivo e preventivo da pena, somando-se ainda a um fim político e útil e à necessidade de garantir o bem e os interesses da sociedade. "Tal teoria trata de juntar os princípios absolutos e os princípios relativos, associando à pena um fim socialmente útil e um conceito retributivo. Pune-se porque pecou e para que não peque." (PIMENTEL, 1983, p. 64). É uma retribuição do mal social causado, mas também é destinada à prevenção geral e especial.

Segundo José M. Rico, citado por Odete Maria de Oliveira:

Todas essas teorias têm correspondência com a evolução geral da pena. Ao período primitivo da vingança privada, embasado na repressão e na composição, sucedem; o período humanitário, por sua vez, sucede àqueles cujas bases são a expiação, a emenda ou a correção do culpado e, finalmente, o período contemporâneo ou cientifico, que segue insistindo no poder intimidante da pena, levando, porém, cada vez mais em consideração a ressocialização do delinqüente. (OLIVEIRA, 1996a, p. 65).

Para Manoel Pedro Pimentel, "há uma tendência moderna no sentido de unificar todas essas teorias, visto que nenhuma delas é, por si mesma, satisfatória" (PIMENTEL, 1983, p.178). Entretanto, segundo o mesmo autor, nem mesmo juntando as teorias que isoladamente se mostram insatisfatórias, não se conseguiria compor um conjunto melhor, que satisfaça a justificação demandada, sendo tal assunto de alta indagação filosófica e que, portanto, jamais estaria a salvo de críticas.

Em nosso ordenamento jurídico, subsiste a finalidade retributiva e a preventiva, sendo esta, de acordo com o disposto no artigo 59 do Código Penal, de caráter ressocializador.

Prisões

Agamenon Bento do Amaral, citado por Canto (2000), com propriedade, consignou o seguinte conceito jurídico de prisão:

No sentido penal, a prisão constitui instrumento coercitivo estatal decorrente da aplicação de uma sanção penal transitada em julgado. E no sentido processual, a prisão constitui instrumento cautelar de que se vale o juiz no processo para impedir novos delitos pelo acusado, aplicar a sanção penal ou para evitar a fuga do processado, além de outros motivos e circunstâncias ocorrentes em cada caso concreto (CANTO, 2000 p. 12).

As instituições penais se originaram por exigência do próprio homem, pela necessidade de um ordenamento coercitivo que assegurasse a paz e a tranquilidade em sua convivência com os demais seres humanos. Trata-se então de uma imposição do próprio relacionamento inerente ao contrato social, segundo Canto (2000).

Nas primeiras prisões e casas de força, a pena era aplicada como detenção perpétua e solitária em celas muradas. Contudo, no século XVII, a pena privativa de liberdade foi reconhecida como substituta da pena de morte e, até o século XVIII, grande número de casas de detenção surgiu. Apresentaremos os principais sistemas prisionais através da perspectiva de Oliveira (1996a).

Os sistemas prisionais

O Panoptismo, a rigor, é um método de controle, originado no século XVII objetivando o controle da peste, quando foi adotado o isolamento da população doente. É um princípio que tem por base um conjunto de ideias fundamentais do utilitarismo, que tem na observação e controle o elemento fundamental de intimidação.

Como constatou Foucault (2002), o panoptismo ultrapassou a área penal e se introduziu em diversos outros sistemas, sendo utilizado hoje, por exemplo, através do controle eletrônico visual que observamos no comércio, no sistema bancário e na cidade de um modo geral:

> Bentham não diz se inspirou, em seu projeto, no Zoológico que Le Vaux construíra em Versalhes: primeiro zoológico cujos elementos não estão como tradicionalmente, espalhados em um parque: no centro, um pavilhão octogonal que, no primeiro andar, só comportava uma peça, o salão do rei; todos os lados se abriam com largas janelas sobre sete jaulas, o oitavo lado estava reservado para janela onde estavam encerradas diversas espécies de animais. Na época de Bentham esse zoológico desaparecera. Mas encontramos no programa do panóptico a preocupação análoga da observação individualizante, da caracterização e da classificação, da organização analítica da espécie. O panóptico é um zoológico real; o animal é substituído pelo homem, a distribuição individual pelo grupamento especifico e o rei pela maquinaria de um poder furtivo (FOUCAULT, 2002, p.168).

O Panoptismo é constituído da prisão celular, de forma radial, construída pela primeira vez nos Estados Unidos da América do Norte, em 1800. Por este sistema, uma única pessoa, prostrada num ponto estrategicamente construído, fazia a vigilância da totalidade das celas, que eram individuais, conforme Canto (2000).

De acordo com Sá (1996), a arquitetura radial foi uma revolução, se comparada à masmorra. Enquanto a segunda, era escura, escondida e escondendo o preso, a primeira, a arquitetura panóptica, é transparente e exposta. Tranca e expõe o sentenciado, mantendo-o sob olhar ininterrupto. O panoptismo se constituiu e se difundiu com a passagem do suplicio para a penitenciaria e desta para a vigilância do olhar.

Por outro lado, na Filadélfia, se instituiu por influência católica dos cárceres monacais da Idade Média, um novo regime de reclusão, no ano de 1790, com as seguintes particularidades:

> Freqüente leitura da Bíblia; proibição do trabalho e de receber visitas; isolamento absoluto e constante do condenado; trabalho da consciência para que a punição fosse temida (CANTO, 2000 p. 13).

O sistema empregado na Filadélfia tinha como principal concorrente o sistema empregado em Aurburn. No sistema aurburniano, inicialmente, implementado em Nova Iorque, em 1821:

> Os prisioneiros podiam manter comunicação pessoal apenas durante o dia, pois à noite eram mantidos em completo isolamento. As regras de silêncio eram aplicadas com severidade e o trabalho e a disciplina eram condicionados aos apenados com a finalidade de ressocialização e, via de conseqüência, de preparação para o retorno ao meio social (CANTO, 2000 p. 13).

Outro sistema muito difundido e de matriz religiosa foi aquele:

> Idealizado por Manoel Montesinos y Molina, na
> Espanha, aplicava o tratamento penal humanitário,
> objetivando a regeneração do recluso. Já por este
> sistema foram suprimidos, definitivamente, os castigos
> corporais e os presos tinham seu trabalho remunerado.
> Montesinos foi o primeiro sistema progressivo a
> aparecer (CANTO, 2000 p.13).

Já no Sistema Progressivo Inglês, originário da Inglaterra e inaugurado em 1846:

> Restou estabelecido aos apenados o esquema de vales.
> Detalhe importante refere-se à duração da pena, que
> não era fixada pelo juiz na sentença condenatória, mas
> obedecia a três etapas distintas: de prova; de trabalho
> durante todo o dia e de isolamento celular noturno
> (CANTO, 2000 p. 14).

Por fim, há o Sistema Progressivo Irlandês, constituído em sistema de vales e voltado à preparação para a vida em liberdade. Nele, os presos eram deslocados às prisões intermediárias, semelhante a um método progressivo de regime, sendo abolido o uso de uniformes. Por outro lado, foi admitido o trabalho no campo, com autorização para conversação, objetivando o fomento para o retorno à sociedade, segundo Canto (2000).

O Brasil adotou este sistema, excluído o uso de marcas ou vales, mas acrescentando a observação, o trabalho com isolamento noturno, o regime semiaberto ou colônia agrícola e a liberdade condicional, conforme Canto (2000).

A evolução da prisão no Brasil

No ano de 1551, já se mencionava a existência, na Bahia, de uma "cadeia muito boa e bem acabada com casa de audiência e câmara em cima [...] tudo de pedra e barro, rebocadas de cal, e telhado com telha" (RUSSELL-WOOD, 1981, p. 39). Nas cidades e vilas, as prisões se localizavam no andar térreo das câmaras municipais e faziam parte constitutiva do poder local e serviam para recolher desordeiros, escravos fugitivos e criminosos à espera de julgamento e punição. Não eram cercados, e os presos mantinham contato com transeuntes, através das grades; recebiam esmolas, alimentos e informações, segundo Salla (1999). Também se alocavam em prédios militares e fortificações.

De acordo com Carvalho Filho (2002), o Aljube, antigo cárcere eclesiástico do Rio de Janeiro, usado para a punição de religiosos, foi cedido pela Igreja Católica para servir de prisão comum após a chegada da Família Real. Em 1829, uma comissão de inspeção nomeada pela Câmara Municipal afirmaria que "[...] o aspecto dos presos nos faz tremer de horror" (CARVALHO FILHO, 2002, p. 38); eram 390 detentos, e cada um dispunha de uma área aproximada de 0,6 por 1,2 m². Em 1831, o número de presos passaria de 500. Em 1856, o Aljube foi desativado.

Um decreto de 1821, firmado pelo príncipe regente D. Pedro, marca o início da preocupação das autoridades com o estado das prisões: "[...] ninguém será 'lançado' em 'masmorra estreita, escura ou infecta' porque 'a prisão deve só servir para guardar as pessoas e nunca para as adoecer e flagelar'" (SALLA, 1999, p. 43).

A Constituição Imperial de 1824, reafirmando a mesma preocupação, determinava:

> [...] as cadeias serão seguras, limpas e bem arejadas,
> havendo diversas casas para a separação dos réus,
> conforme suas circunstâncias e natureza dos seus
> crimes (Constituição de 1824, p. 34).

A pena de morte, na forca, ficou reservada para os casos de homicídios, latrocínios e insurreição de escravos. No regime anterior, esta pena estava prevista para mais de 70 infrações, segundo Dotti (1998). Em 1835, como reação ao levante de negros muçulmanos ocorridos na Bahia, uma lei ampliaria a hipótese de pena Capital para escravos que ferissem gravemente, matassem ou tentasse matar o senhor ou feitor.

Foi mantida a pena de galés que significava fazer trabalhos forçados em obras públicas. A principal novidade do Código Criminal de 1830 foi o surgimento das penas de prisão com trabalho – o condenado tinha a obrigação de trabalhar diariamente dentro do recinto dos presídios –. Pena que, em alguns casos, podia ser perpétua ou de prisão simples, que consistia na reclusão pelo tempo marcado na sentença, a ser cumprida "[...] nas prisões públicas que oferecerem maior comodidade e segurança e na maior proximidade que for possível dos lugares dos delitos" (CARVALHO FILHO, 2002, p. 38).

As cadeias, porém, não eram adequadas. O Código Criminal de 1830 determinava que, até a construção de novos estabelecimentos, a prisão com trabalho se converteria em prisão simples, com o acréscimo de mais um sexto na duração da pena.

Segundo Carvalho Filho (2002), dois estabelecimentos foram projetados para suprir a lacuna, um no Rio de Janeiro e outro em São Paulo. Eram as casas de correção inauguradas respectivamente em 1850 e 1852. Pode-se dizer que elas simbolizam a entrada do Brasil na era da modernidade punitiva. Contavam com oficinas de trabalho, pátios e celas individuais.

Buscavam a regeneração do condenado por intermédio de regulamentos inspirados no sistema de Auburn. Possuía, também, um recinto especial, o calabouço, destinado a abrigar escravos fugitivos e entregues pelos proprietários à autoridade pública, em depósito, ou para que recebessem a pena de açoite.

Ainda segundo Carvalho Filho (2002), o Código Criminal de 1830 determinava que o escravo que cometesse um crime pelo qual não fosse condenado à morte ou às galés, fosse condenado ao açoite. O número de chibatadas, a ser determinado pela sentença judicial, estava limitado a 50 por dia. Depois de cumprida a decisão, o escravo era devolvido ao seu senhor, que era obrigado a "trazê-lo com um ferro pelo tempo que o juiz designar" (CARVALHO FILHO, 2002, p. 39). Só em 1886, o açoite foi abolido para os escravos.

Ao longo do Império, começou a se formar, no Brasil, uma cultura sobre o assunto. Juristas e funcionários viajaram ao exterior para conhecer sistemas penitenciários. Foi debatida a criação de colônias penais marítimas, agrícolas e industriais. Nasceu a preocupação com o estudo científico da personalidade do delinquente. O criminoso passou a ser visto "[...] como um doente, a pena como um remédio e a prisão como um hospital" (SALLA, 1999, p. 134).

De acordo com Carvalho Filho (2002), com a República, desapareceram do cenário punitivo, a forca e as galés. Ficou estabelecido, ainda, o caráter temporário das penas restritivas da liberdade individual, não poderiam exceder a 30 anos, princípio que prevalece até a atualidade.

Ainda segundo o supracitado autor, a base do sistema de penas adotado pelo Código Criminal de 1830 era a prisão celular, prevista para grande maioria das condutas criminosas. A pena deveria ser cumprida em estabelecimento especial. O preso teria um período de isolamento na cela –

sistema da Filadélfia – e depois passaria ao regime de trabalho obrigatório em comum, segregação noturna e silencio diurno – sistema de Auburn –. O condenado à pena superior a seis anos, com bom comportamento e depois de cumprida a metade da sentença, poderia ser transferido para alguma penitenciária agrícola. Mantido o bom comportamento, faltando dois anos para o fim da pena, teria a perspectiva do comportamento condicional.

Em 1920, é inaugurada a penitenciária de São Paulo, no bairro do Carandiru. O Projeto do Escritório Técnico Ramos de Azevedo foi saudado como um marco na evolução das prisões e era visitada por juristas e estudiosos do Brasil e do mundo, como um instituto de regeneração modelar. Construída para 1.200 presos, oferecia o que havia de mais moderno em matéria de prisão: oficinas, enfermarias, escola, corpo técnico, acomodações adequadas, segurança. Tudo parecia perfeito, conforme Carvalho Filho (2002).

De acordo com Dotti (1998), o cárcere é a espinha dorsal do sistema criado em 1940. Cerca de 300 infrações definidas no Código Penal são punidas, em tese, com pena privativa de liberdade – reclusão e detenção –. A lei de Contravenções Penais, de 1941, definiu 69 infrações de gravidade menor e previu 50 vezes a pena de prisão simples, a ser cumprida sem rigor penitenciário.

Outro símbolo da história das prisões brasileiras é a Casa de Detenção de São Paulo, também no Carandiru, que, segundo Carvalho Filho (2002), chegou a hospedar mais de 8 mil homens, apesar de só ter 3.250 vagas. Inaugurada em 1956 para presos à espera de julgamento, sua finalidade se corrompeu ao longo dos anos, pois a Casa de Detenção passou a abrigar também condenados. O Governo Estadual paulista ao desativá-la, em 2002, batizou a iniciativa de *fim de inferno* e prometeu remover mais de 7 mil presos para 11 novos presídios, menores e longínquos.

Segundo Carvalho e Filho (2002), a Casa de Detenção, cidade murada e dantesca, ficou mundialmente conhecida pela miséria de seu interior e pela extensa coleção de motins, fugas e episódios de desmandos e violência, sobretudo, o massacre dos 111 presos, em 1992, pela Policia Militar do Estado de São Paulo.

Conforme Carvalho e Filho (2002), com a reforma parcial do Código Penal em 1977, começou a prevalecer, pelo menos entre os especialistas, o entendimento de que a prisão deveria ser reservada para crimes mais graves e delinquentes perigosos. A superlotação carcerária preocupava as autoridades. A lei ampliou os casos de sursis, instituiu a prisão albergue e estabeleceu os atuais regimes de cumprimento da pena de prisão – fechado, semiaberto e aberto –. O movimento se acentuou com mais uma reforma parcial em 1984, que, entre outras medidas, criou as penas alternativas.

4

Ressocialização

O tratamento *penitenciário* tem por objetivo ressocialização, a humanização da passagem do detento na instituição carcerária, implicando sua essência teórica, numa orientação humanista, passando a focalizar a pessoa que delinquiu como o centro da reflexão científica, ou seja, o condenado, ao ser submetido ao *tratamento penitenciário,* seria reintegrado à sociedade.

O sistema penitenciário brasileiro adota a progressividade da execução da pena, consagrada pelo Código Penal de 1940, e suas importantes transformações, sendo essa forma observada de acordo com critérios objetivos e subjetivos, fazendo com que o condenado inicie o cumprimento de sua pena em determinado regramento carcerário, progredindo do mais rigoroso ao mais brando – pelos regimes fechados, semiabertos e abertos –. Cabe ressaltar, que estamos fazendo uma abordagem sobre a previsão legal, pois o que a lei prevê e o que se vê no sistema carcerário, vai uma grande distância.

Deste modo, o condenado que ingressa numa penitenciária para o início do cumprimento de sua pena, deveria fazê-lo no regime fechado, ou na colônia agrícola ou industrial, no regime semiaberto, para ao final passar ao regime aberto, transferindo-se para a casa do albergado. Porém, mais uma vez, salientamos que há um afastamento entre realidade e previsão legal. No caso do Estado do Rio de Janeiro, por exemplo, basta pensarmos nas POLINTERs e no Presídio Ary Franco, em Água Santa, para constatarmos que não é isso que acontece na prática. Logo, não podemos tomar a previsão legal, como expressão do real.

No arcabouço jurídico brasileiro, o mecanismo básico para a progressão de regime, reside em o condenado ter cumprido um sexto da pena – requisito objetivo –, quando primário, e, ainda, apresentar bom comportamento – elemento subjetivo –, após avaliação da Comissão Técnica de Classificação (CTC).

Conceitos

A pena de prisão objetiva punir e prevenir o cometimento de crime, estando a ressocialização contida na prevenção do crime. Esse modelo determina uma nova finalidade que aponta que não basta castigar o criminoso, mas orientá-lo dentro da prisão para que ele possa ser reintegrado à sociedade de maneira efetiva, evitando, com isso, a reincidência.

> O decisivo, acredita-se, não é castigar implacavelmente o culpado (castigar por castigar é, em última instância, um dogmatismo ou uma crueldade), senão orientar o cumprimento e a execução do castigo de maneira tal que possa conferir-lhe alguma utilidade (MOLINA, 1998, p. 381).

Segundo Shecaira e Corrêa Junior (1995), ressocializar não é reeducar o condenado para que se comporte como deseja a classe detentora do poder, e sim a efetiva reinserção social, a criação de mecanismos e condições para que o indivíduo retorne ao convívio social sem traumas ou sequelas, para que possa viver uma vida normal. Uma vez que o Estado não propicie esta reinserção social, o resultado será, invariavelmente, o retorno à criminalidade, ou seja, a reincidência criminal.

Segundo Mr. Puig *apud Shecaira* (1995), a pena tem uma função social de "criar possibilidades de participação nos sistemas sociais" (p. 45). Neste sentido, tem evoluído a legislação brasileira, que inaugurou grande avanço no tratamento penal com o advento da Lei 7210/84, Lei de Execução Penal. Esta deu ênfase à finalidade ressocializadora da pena, chamando a sociedade à participação neste processo.

Infelizmente, embora a legislação pátria assegure, ao apenado, tratamento humanizado e individualizado, objetivando reinserir o indivíduo na sociedade através da educação, da profissionalização e do tratamento humanizado, parece que o próprio Estado não conseguiu se adequar a essa legislação, haja vista o abandono em que se encontram a maioria dos presídios nacionais.

Delimitar qual o melhor caminho para a ressocialização do encarcerado é uma tarefa árdua, que depende primeiramente da individualização da pena, uma vez que as pessoas são diferentes, devendo, portanto, serem tratadas de acordo com sua individualidade. Para Romeu Falconi (1998, p. 41-42) "[...] a face do delinqüente é múltipla", havendo vários fatores que devem ser considerados. Segundo o autor, não resta dúvida de que a maioria esmagadora dos encarcerados é proveniente das camadas economicamente menos favorecidas.

Isso ocorre por vários fatores, primeiro porque a condição desprivilegiada afasta os indivíduos dos meios de defesa, além de aí se encontrarem os indivíduos que foram historicamente perseguidos pelo aparato policial-jurídico-penitenciário. Segundo, porque os delitos cometidos por pessoas privilegiadas economicamente são dissimulados, quase não chegando ao conhecimento das autoridades e, quando isso ocorre, estas pessoas lançam mão dos meios de defesa de que dispõem, sejam legais ou não.

Nesta pesquisa, é especialmente a partir da interação dos condenados lotados no sistema penal fluminense com os agentes religiosos pentecostais, o objeto principal do estudo.

A Execução Penal

A Lei de Execução Penal (LEP) – Lei nº 7.210, de 11 de julho de 1984 – é considerada uma das mais modernas legislações penitenciárias do mundo, e, se cumprida integralmente, poderia propiciar uma melhoria das condições de encarceramento e quem sabe potencializar a ressocialização de uma significativa parcela da população carcerária, haja vista que essa é uma de suas finalidades.

A referida Lei é fundamental para a reintegração social do sentenciado, já que as possibilidades de reeducação que propicia por meio de direitos, deveres, trabalho, tratamento de saúde, integridade moral, assistência religiosa, dentre outros, teoricamente, evitaria que o sentenciado ficasse dentro do estabelecimento penal em pleno ócio. Sabemos que apenas o fornecimento de condições salubres de habitação no cárcere não garantiria a transformação moral do indivíduo condenado, mas supomos que esse fator poderia contribuir positivamente nesse intuito.

Segundo Dotti (1998), a LEP, ao declarar em seu Art. 10, que o objetivo da execução penal é efetivar as disposições da sentença ou decisão criminal e proporcionar condições para a harmônica integração social do condenado e do internado, demonstra que o sistema não se compromete com a teoria da emenda ou recuperação social do infrator.

> Art. 10. A assistência ao preso e ao internado é dever do Estado, objetivando prevenir o crime e orientar o retorno à convivência em sociedade.

Verifica-se que, neste sentido, esta teoria deve remeter ao almejado fim da ressocialização do sistema penitenciário. Ressaltasse que o termo ressocialização se refere à capacidade de tornar novamente capaz de viver em sociedade.

Sobre este artigo, Mirabete acrescenta que:

> A execução penal tem como princípio promover a recuperação do condenado. Para tanto o tratamento deve possibilitar que o condenado tenha plena capacidade de viver em conformidade com a lei penal, procurando-se, dentro do possível, desenvolver no condenado o senso de responsabilidade individual e social, bem como o respeito à família, às pessoas, e à sociedade em geral (MIRABETE, 2006, p.62).

A princípio, esta expressão aborda o comportamento do preso diante dos elementos externos, ou seja, para Dotti (1998, p. 92) "ressocializar é modificar o comportamento do preso, para que este seja harmônico com o comportamento socialmente aceito e não nocivo à sociedade".

Dotti ainda adiciona que:

> Tal objetivo assinalado à sanção criminal por algumas Constituições e Códigos Penais, caracteriza as mais das vezes, a tentativa do Estado de submeter o condenado a uma lavagem cerebral, negando-lhe a faculdade do livre arbítrio e o direito de ser diferente. Esta é uma opção existencial válida no Estado Democrático de Direito consagrado pelo Constituição brasileira que,

entre seus fundamentos, adota o da dignidade da pessoa humana. (DOTTI, 1998, p. 92).

O sentido de ressocialização do sistema penitenciário nessa perspectiva deve ser o de reinserção social como ajuda ou apoio ao condenado, permitindo a livre escolha de seus caminhos futuros, mesmo que estes o levem a uma reincidência.

Segundo Albergária, a LEP visa alcançar a reintegração social do apenado:

> Inegavelmente, a lei de execução penal será o principal instrumento jurídico para a realização da política penitenciária nacional. Seu objetivo maior é a transformação do estabelecimento prisional em escola de alfabetização e profissionalização do preso, para inseri-lo como força produtiva na população ativa da nação, e, sobretudo, como cidadão numa sociedade mais humana, fraterna e democrática. (ALBERGARIA, 1996, p. 21).

A LEP envolve uma série de elementos complexos, porém, como já mencionado, é ela que prescreve os princípios e regras que possibilitam a humanização do sistema penitenciário e a ressocialização do preso.

A LEP faz com que a decisão contida na sentença condenatória seja posta em prática, seja de caráter repressivo ou preventivo ao delito cometido. E ainda estabelece que devam existir condições mínimas para que o condenado e internado se recuperem, devendo ser empregados meios construtivos para a recuperação, proporcionando a integração destes, para que vivam em comunhão social. Destaca-se que o diploma legal também visa a cuidar do sujeito passivo da execução e de sua defesa social, resguardando a declaração universal dos direitos do preso comum, que é constituída por regras mínimas para tratamento dos presos, das Nações Unidas, editadas em 1958, Conforme Mirabete (2006).

Neste contexto, Mirabete explica que:

> O sentido imanente da inserção social, conforme estabelecido na lei de execução, compreende a assistência e ajuda na obtenção de meios capazes de permitir o retorno do apenado e do internado ao meio social em condições favoráveis para a sua integração, não se confundindo com qualquer sistema de tratamento que procure impor um determinado número e hierarquia de valores em contraste com os direitos da personalidade do condenado. (MIRABETE, 2006, p. 28).

A LEP adota como uma das formas de propiciar a ressocialização do preso a idéia de que o trabalho penitenciário deve ser organizado de forma tão aproximada quanto possível da sociedade, ou seja, que o apenado, ao trabalhar, tenha alguns direitos trabalhistas.

Assim, a LEP dispõe sobre esse tema:

> Art. 32. Na atribuição do trabalho deverão ser levadas em conta a habilitação, a condição pessoal e as necessidades futuras do preso, bem como as oportunidades oferecidas pelo mercado.
>
> § 1º Deverá ser limitado, tanto quanto possível, o artesanato sem expressão econômica, salvo nas regiões de turismo.

§ 2º Os maiores de 60 (sessenta) anos poderão solicitar ocupação adequada à sua idade.

§ 3º Os doentes ou deficientes físicos somente exercerão atividades apropriadas ao seu estado.

Segundo a LEP cumpre dizer que sendo obrigatório o trabalho, é necessário que este seja remunerado, de modo que o Estado fica responsável por prever a destinação deste rendimento.

Art. 29. O trabalho do preso será remunerado, mediante prévia tabela, não podendo ser inferior a 3/4 (três quartos) do salário mínimo.

§ 1º O produto da remuneração pelo trabalho deverá atender:

a) à indenização dos danos causados pelo crime, desde que determinados judicialmente e não reparados por outros meios;

b) à assistência à família;

c) a pequenas despesas pessoais;

d) ao ressarcimento ao Estado das despesas realizadas com a manutenção do condenado, em proporção a ser fixada e sem prejuízo da destinação prevista nas letras anteriores.

§ 2º Ressalvadas outras aplicações legais, será depositada a parte restante para constituição do pecúlio, em Caderneta de Poupança, que será entregue ao condenado quando posto em liberdade.

Mediante a legislação vigente se constata que satisfeitas as obrigações maiores, ou seja, a reparação do dano e a assistência à família, deve o Estado constituir um pecúlio, mediante desconto da remuneração devida pelo trabalho prisional, Segundo Costa Jr. (1986).

Entretanto, Julião adverte que:

> O trabalho prisional no Brasil, contrariando as determinações legais da Lei de Execuções Penais, não remunera adequadamente; não cumpre condições básicas de trabalho como higiene, segurança e equipamentos adequados; bem como não garante tampouco seguro contra acidentes trabalhistas. (JULIÃO, 2006, p.80).

As Regras Mínimas da Organização das Nações Unidas para o tratamento do Recluso, diploma que a Lei de Execução Penal brasileira contempla e defende, assinala que:

> N. 77-1. Serão tomadas medidas no sentido de melhorar a educação de todos os presos que daí tirem proveito, incluindo instrução religiosa nos países em que tal for possível. A educação de analfabetos e presos jovens será obrigatória, prestando-lhe a administração especial atenção.
> N. 77-2. Tanto quanto for possível, a educação dos presos estará integrada no sistema educacional do país, para que depois da sua libertação possam continuar, sem dificuldades, a sua educação. (MAIA NETO, 1998, p.54).

Neste padrão, a LEP prevê assistência educacional aos reclusos:

> Art. 17. A assistência educacional compreenderá a
> instrução escolar e a formação profissional do preso e
> do internado.

A atual legislação penal brasileira prevê que a assistência educacional compreenderá a instrução escolar e a formação profissional do recluso. Institui como obrigatório o ensino fundamental, integrando-se no sistema escolar da unidade federativa. Já o ensino profissional, deverá ser ministrado em nível de iniciação ou de aperfeiçoamento técnico.

Conforme Julião:

> [...] em atendimento às condições locais, institui que todas as Unidades (prisionais) deverão dotar-se de uma biblioteca provida de livros instrutivos, recreativos e didáticos e que, devido à abrangência e particularidade da questão, as atividades educacionais podem ser objeto de convênio com entidades públicas ou particulares, instalando escolas ou oferecendo cursos especializados. (JULIÃO, 2006, p.81).

Porém, verifica-se que as unidades penais ainda não possuem ações regulares de ensino, já que o maior interesse dos presos recai sobre as atividades laborais, uma vez que lhes proporcionam ganho financeiro, além da possibilidade de remissão da pena.

A LEP prioriza a ressocialização pelo trabalho e pela educação, contudo vimos que de um total de 28.971 indivíduos presos do sistema prisional fluminense no mês de junho de 2011, apenas 766 (2,66%) indivíduos estavam em programa de laborterapia, e, 2.194 (7,62%) indivíduos, em programas educacionais, conforme dados oficiais do Sistema Integrado de Informações Penitenciárias (InfoPen/MJ). Por isso, pesquisamos a religião como alternativa de reintegração social, uma vez que a religião é reconhecida pela LEP como forma de orientar o retorno do preso ao convívio social. E dado ao fato de que o protestantismo se faz presente em grande parte dos presídios fluminenses.

O Trabalho

Atualmente a laborterapia é considerada como uma eficaz ferramenta para a reinserção social e, conforme visto acima, a Lei de Execução Penal brasileira prioriza a ressocialização pelo trabalho.

Desta forma. é o entendimento de Romeu Falconi. O trabalho:

> [...] é uma das formas mais eficazes de reinserção social, desde que dela não se faça uma forma vil de escravatura e violenta exploração do homem pelo homem, principalmente este homem enclausurado (FALCONI, 1998, p.71)

Para o supracitado autor, o hábito ao trabalho traz novas perspectivas e expectativas para o preso, que pode vislumbrar uma nova forma de relacionamento com a sociedade.

Obviamente, para que isso ocorra, são necessários alguns pressupostos: primeiro, que este preso tenha sido profissionalizado; segundo, que esta profissionalização tenha sido direcionada ao mercado de trabalho; e, por último, que esse condenado seja recebido pelo mercado de trabalho.

A Educação

Constitui-se a educação através do estudo, além de um dos direitos assegurados aos reclusos pela LEP, em uma das ferramentas destinadas à ressocialização do detento. Além de viabilizar uma formação intelectual àqueles que muitas vezes não tiveram acesso ao sistema educacional quando em liberdade, a educação intramuros também pode propiciar uma formação profissional, além de beneficiar o interno com a remição de pena pelo estudo[24].

Estudos realizados pela Pastoral Carcerária no Brasil, em 1996, revelaram que 87% dos reclusos não possuíam o ensino médio naquele contexto, sendo a assistência básica educacional inexistente ou insatisfatória, segundo Almeida (1998).

O sistema prisional fluminense tem um dos melhores sistemas educacionais intramuros. É o mais antigo do país. Nele, as escolas estão subordinadas diretamente à Secretaria de Educação e não à Secretaria de Estado e Administração Penitenciária (SEAP). Apesar disso, conforme dados do InfoPen/MJ, no mês de junho de 2011, de um total de 28.791 presos no Estado do Rio de Janeiro, apenas 2.194 indivíduos, ou seja, 7,62% da população carcerária fluminense, estavam frequentando alguma atividade educacional. Sendo esses 2.194 presos distribuídos da seguinte maneira: 189 na alfabetização; 1.818 no ensino fundamental; 130 no ensino médio; 3 no ensino superior; e 54 em cursos técnicos.

---

[24] Remição: prevista no art. 126 da Lei de Execuções Penais, onde para cada 3 dias de trabalho o recluso terá descontado 1 dia da pena. A jurisprudência atual concede a remição também pelo estudo.

A Família

Ao ingressar no sistema prisional, o indivíduo deve perder somente a liberdade de ir e vir, tendo assegurado todos os outros direitos que a sentença não atingiu.

O contato com a família é de suma importância para que o recluso não perca o vínculo com o mundo exterior. Porém, a família do preso, quando não o abandona, acaba por ser atingida com a pena, pois conforme Anderson Moraes de Castro e Silva:

> [...] compete aos visitantes custearem os gastos contraídos pelos internos na prisão, assim como arcar com as despesas com produtos de higiene íntima, alimentação, vestuário e medicamentos. Em um claro desrespeito à norma formal, a pena de prisão ultrapassa a vida do apenado e acaba por atingir seus familiares. (CASTRO E SILVA, 2008, p.31).

É, também, de relevante importância, a questão sexual. Apesar de o Brasil ser um dos raros países em que o preso tem direto à visita íntima. O problema da abstinência sexual dentro dos presídios pode potencializar a corrupção, a homossexualidade e a violência.

Tal problema preocupa tanto as autoridades responsáveis pelo setor, que chegou a ser proposto que os reclusos que não tivessem companheiras, esposas ou amantes, tivessem acesso a uma forma qualquer de relacionamento com mulheres encaminhadas aos presídios para esse fim, conforme Falconi (1998). Tal proposta foi rechaçada, tendo sido considerada aviltante e ilegal, uma vez que o próprio Estado estaria instituindo e viabilizando a prostituição e o lenocínio.

A Religião

A religião exerce um papel importante dentro das prisões, especialmente com relação à disciplina, pois a maioria delas preconiza padrões de comportamento compatíveis com uma boa convivência social, como o respeito, a dignidade, o amor, rechaçando comportamentos violentos e de desrespeito para com as pessoas.

As doutrinas apregoadas pelos religiosos cristãos se assemelham muito com a legislação penal. Mas, isso não é mera coincidência. Vale lembrar que o ordenamento jurídico brasileiro tem origem no direito canônico. Igreja e Estado, por muito tempo, andaram juntos no poder e esta dicotomia existente hoje ainda é recente, em termos de história. Se analisarmos a Bíblia, poderemos encontrar a maioria dos princípios que informam o direito penal atual, a exemplo do que ocorre com o direito à vida e até mesmo com relação ao adultério[25].

A religião pode se constituir em um mecanismo de educação moral muito poderoso, considerando que seus mandamentos visam estimular comportamentos baseados no amor, no respeito e solidariedade ao próximo, podendo ser aproveitada como um dos instrumentos de ressocialização, ou pelo menos, como forma do indivíduo suportar com resignação as aflições que o cárcere lhe imprime, com a perspectiva que um ser superior mudará sua vida e que o sofrimento pelo qual está passando constitui uma provação divina.

O direito à assistência religiosa, proposto pela ONU em seu artigo 41 das Regras Mínimas, foi recepcionado pela Lei de Execução Penal em seu artigo 41, inciso VII, tendo sido também regulamentado pela Resolução

---

[25] A Lei nº 11.106/05 descriminou o adultério, revogando o artigo 240 do Código Penal.

do Conselho Penitenciário n.º 14 de 11 de novembro de 1994, Regras Mínimas para o Tratamento do Preso no Brasil.

Outro aspecto importante atribuído às entidades religiosas é o de suprir a ausência da assistência social nos presídios e cadeias públicas. Muitos reclusos não possuem família ou esta os abandona, às vezes, o único elo que possuem com o mundo extramuros é através das visitas dos religiosos, que lhes prestam favores de lhes doar produtos de higiene pessoal e roupas. Neste sentido, a afiliação religiosa pode, em alguns casos que não temos como quantificar, ser mais fruto do interesse aos bens materiais ou simbólicos que a ostentação da crença produz do que, necessariamente, motivado por uma conversão religiosa.

Estudaremos as ações dos agentes religiosos pentecostais no próximo capítulo, ao qual faremos um estudo exploratório sobre afiliação religiosa e reintegração social à luz das teorias dos processos civilizadores.

5

Afiliação Religiosa e Reintegração Social à Luz das Teorias dos Processos Civilizadores

A presentaremos, neste capítulo, um estudo exploratório sobre afiliação religiosa e reintegração social à luz das teorias dos processos civilizadores. A presente pesquisa avaliou se a afiliação religiosa ao pentecostalismo está relacionada à reintegração social do preso, a partir da perspectiva da *ressocialização à luz das teorias dos processos civilizadores*, conforme Julião (2009), que considera esse conceito, nativo do sistema penitenciário.

Nosso estudo foi realizado através de trabalho de campo de observação direta entre as interações entre agentes religiosos pentecostais e presos afiliados ao pentecostalismo, no IPEC – Instituto Penal Edgard Costa, Niterói – RJ, em janeiro de 2012. Assim como Julião (2009), sistematizaremos um diálogo com teóricos do pensamento moderno, principalmente com Norbert Elias, e suas obras O Processo Civilizador - Vol. I e II.

O Instituto Penal Edgard Costa - IPEC

O Instituto Penal Edgard Costa (IPEC) foi fundado, em junho de 1870, como Casa de Detenção em Niterói, com a finalidade de custodiar escravos fugitivos. Atualmente o IPEC, como Instituto Penal, tem a finalidade de alojar os condenados no regime semiaberto.

Até o final da presente pesquisa, no mês de janeiro do ano de 2012, havia 479 presos no IPEC. Sendo que 48 presos realizavam trabalhos extramuros; 09 presos realizavam trabalhos intramuros, conhecidos como FAXINA, e tinham direito à Visita Periódica ao Lar (VPL); 100 presos com direito à VPL; 292 presos aguardando o direito à VPL; 28 presos por inadimplência de pensão alimentícia; e 02 presos baixados em hospital.

O nosso trabalho de campo foi realizado na galeria dos presos que realizavam trabalhos extramuros e intramuros, pois o pesquisador não obteve acesso à galeria dos demais 422 presos. Uma vez que a administração do IPEC, por motivos de segurança, e pelo fato do pesquisador ser Capitão da Polícia Militar do Estado do Rio de Janeiro (PMERJ), achou por bem a pesquisa ser realizada na galeria dos presos que realizavam trabalhos extramuros e intramuros, por serem considerados mais tranquilos em comparação aos demais presos. Foi relatado também, pela administração do IPEC, que os presos são oriundos de áreas de atuação da facção criminosa denominada Comando Vermelho.

Em conversa com um agente de segurança penitenciária (ASP) durante almoço no IPEC, o agente penitenciário disse que alguns presos se afiliam ao pentecostalismo a fim de serem bem vistos pelos ASPs, uma vez que os agentes penitenciários tem uma visão diferenciada dos *presos irmãos*[26], inclusive foi relatado por esse ASP, que raramente a ala dos presos evangélicos sofre revista da parte dos guardas, pois, segundo ele, os *presos irmãos* não permitem que seja escondido qualquer tipo de material ilícito em suas dependências. Perguntado a respeito de preso que se afiliava aos cristãos evangélicos, mas que não se comportava de acordo com a doutrina cristã, o ASP afirmou que os próprios *presos irmãos* expulsavam o *preso fingido* da ala evangélica.

---

[26] Modo os qual os ASPs do IPEC se referem aos presos evangélicos.

Em entrevista estruturada, por meio de questionário, com os agentes de segurança penitenciária das turmas de guardas, sendo 5 guardas de cada ala, totalizando 20 entrevistados – uma vez que existem 4 alas, já que os guardas trabalham na escala de 24h x 72h –, 11 guardas disseram que acreditam na ressocialização do preso através do pentecostalismo, e 9 guardas disseram que não acreditam. Ou seja, 55% dos guardas acreditam na ressocialização do preso através do pentecostalismo e 45% dos guardas não acreditam. Dentre os 9 guardas que não acreditam: 3 disseram que não acreditam porque acham que o Estado não ajuda; 2 disseram que não acreditam porque acham que os presos só se dizem convertidos para serem bem vistos e ajudados por terceiros; e 4 não justificaram a resposta.

Foi informado pela administração do IPEC que a assistência religiosa naquele Instituto Penal era realizada pelas seguintes instituições: Igreja Universal do Reino de Deus (neopentecostal); Igreja Presbiteriana (tradicional); Pastoral Carcerária (católica); Assembleia de Deus (pentecostal); Igreja Batista (tradicional); kardecista (espírita). Foi informado ainda que as Testemunhas de Jeová estão cadastradas para realizarem cultos, porém nunca compareceram, e que não há nenhum tipo de assistência religiosa de matriz africana. Na galeria pesquisada, foi observado que existe uma capela evangélica, local próprio para a realização dos cultos pentecostais.

A pesquisa no IPEC foi realizada através entrevistas aos presos afiliados ao pentecostalismo, agentes religiosos pentecostais, e agentes penitenciários. E por meio das observações das interações dos *presos irmãos* e dos agentes religiosos. Buscando, assim, uma "descrição densa" (Geertz, 1989), não da instituição em sua totalidade, mas das interações entre os indivíduos envolvidos em um drama social que lá se desenrolava. As prioridades eram as percepções e narrativas dos apenados nas suas interações com os evangelizadores, bem como as possibilidades de conversão religiosa ou adesão, abordando de forma secundária a dimensão institucional.

Torna-se necessário, dentro da perspectiva antropológica desse estudo, entender a conversão intramuros não como uma falsa conversão, mas como um processo de transformação do sujeito com dimensões e significados próprios.

Do Controle Social ao Autocontrole

Segundo Norbert Elias, "o processo civilizador constitui uma mudança na conduta e sentimentos humanos a uma direção muito específica" (ELIAS, 1993, p.193). Como a mudança na conduta e sentimentos humanos é essencial na ressocialização do preso condenado, faremos uma análise entre afiliação religiosa ao pentecostalismo e reintegração social, levando-se em conta o processo civilizador no ambiente prisional evangélico – pentecostal – do IPEC, e as interações entre presos convertidos, agentes religiosos pentecostais e ASP.

Os cultos no IPEC seguem a mesma liturgia das igrejas evangélicas de fora: o momento de cantar e louvar, e o momento da palavra do pastor, que inclui a leitura da Bíblia. Os cultos dentro da penitenciária tiveram uma duração de uma hora e meia a duas horas aproximadamente. Além dos cultos realizados pelos agentes religiosos pentecostais, a prática religiosa se estende como manifestação informal entre a população carcerária pentecostal que, de forma individual ou grupal, à noite, nas celas ou em outros espaços, como a capela, unem-se em campanhas, jejuns, grupos de oração e leitura bíblica.

O preso ao se converter ao pentecostalismo, embora dentro da mesma instituição penal, é transportado física e psicologicamente para uma nova realidade. Fisicamente, porque passa a conviver na ala evangélica, psicologicamente, porque passa a conviver em um ambiente de valores éticos e morais elevados, no qual se o preso novo convertido não se adequar, é expulso. Transportado a essa nova realidade, o *preso irmão* ganha nova visibilidade, e novas responsabilidades. Como já foi dito, muitos agentes penitenciários passam a vê-lo de outra maneira, e esperam que ele se comporte de uma maneira diferenciada, e essa cobrança também vem dos outros presos, mesmo os não convertidos. Além da pressão feita pelos agentes religiosos, que, como resposta às suas ações sociais de pregação e caridade, esperam, um padrão cristão de comportamento dos presos convertidos. Pressupondo-se que o preso não tenha se convertido de coração ao pentecostalismo, mesmo assim, para continuar no meio pentecostal, terá que se elevar aos padrões de conduta daquela comunidade pentecostal carcerária. Essa nova função social e relação de interdependência entre os *presos irmãos* que, como cristãos, acreditam fazer parte de um mesmo corpo, leva-os ao autocontrole.

Conforme Norbert Elias:

> Mostramos como o controle efetuado através de terceiras pessoas é convertido, de vários aspectos, em autocontrole, que as atividades humanas mais animalescas são progressivamente excluídas do palco da vida comunal e investidas de sentimentos de vergonha, que a regulação de toda a vida instintiva e afetiva por um firme autocontrole se torna cada vez mais estável, uniforme e generalizada. (ELIAS, 1993, p.194).

Elias explica que:

> Toda essa reorganização dos relacionamentos humanos se faz acompanhar de correspondentes mudanças nas maneiras, na estrutura da personalidade do homem, cujo resultado provisório é nossa forma de conduta e de sentimentos civilizados (ELIAS, 1993, p. 195).

O *preso irmão* ganha uma nova identidade e tende ele mesmo a valorizar essa diferenciação. Ele passa a se considerar filho de Deus, separado do mundo e a serviço de Jesus, como membro do corpo de Cristo, a fim de se aperfeiçoar no trabalho cristão de evangelização. Uma vez que em sua nova realidade, cabe a esse *preso irmão*, sob a orientação dos agentes religiosos, também anunciar o evangelho aos outros presos.

Os agentes religiosos pentecostais, dentro dos ensinamentos bíblicos, ensinam aos *presos irmãos* que eles têm que se submeterem às autoridades seculares, pois é claro que isso inclui a obediência a eles mesmos como autoridades eclesiásticas, pois na visão deles, elas foram instituídas por Deus. Eles se baseiam na carta do apóstolo Paulo aos romanos, capítulo 13, versículos 1 ao 5:

> Obedeçam às autoridades, todos vocês. Pois nenhuma autoridade existe sem a permissão de Deus, e as que existem foram colocadas nos seus lugares por ele. Assim quem se revolta contra o que Deus ordenou, e os que agem desse modo serão condenados. Somente os que fazem o mal devem ter medo dos governantes, e não os que fazem o bem. Se você não quiser ter medo das autoridades, então faça o que é bom, e elas o elogiarão. Porque as autoridades estão a serviço de

Deus para o bem de você. Mas, se você faz o mal, então tenha medo, pois as autoridades, de fato têm poder para castigar. Elas estão a serviço de Deus e trazem o castigo dele sobre os que fazem o mal. É por isso que você deve obedecer às autoridades; não somente por causa do castigo de Deus, mas também porque a sua consciência manda que você faça isso. (BÍBLIA, 2008, p. 1543).

De acordo com Elias (1993), dentre as transformações que observamos ao estudarmos a mudança da constituição psicológica conhecida como civilização, a diferenciação em marcha das funções sociais é apenas a primeira e mais geral.

O *preso irmão* passa a reconhecer a autoridade do Estado, que na realidade carcerária é representada na figura do agente penitenciário, que detém o monopólio do uso legítimo da força, e, mesmo que ilegalmente, o monopólio dos meios de tributação, conforme Anderson Moraes de Castro e Silva:

A noção de violência "legal" remete à previsão formal que ampara as ações dos servidores das instituições da ordem – cuja aceitação social se assenta no monopólio da violência legítima que deve ser exercido por parte do Estado moderno. Ela só deve ser utilizada como último recurso, após o esgotamento de todos os tipos possíveis de negociação alternativa, ou em situações emergenciais, quando não houver outra forma de contenção. (CASTRO E SILVA, 2008, p.115).

E também:

O processo de desnormalização do sistema penal ampliou os espaços de "negociação" intramuros. Essas transações poderiam se referir às questões estritamente comerciais, como a venda de mercadorias lícitas e ilícitas, ou a demandas próprias do universo prisional (acesso aos postos de trabalho, obtenção de direito à visita íntima, liberdade de circulação na unidade prisional etc.) No cárcere tudo pode ser vendido ou comprado. É verdade que uma boa parte desse comércio assenta-se na criação de um esquema delituoso no qual a "corrupção" seria o produto principal. Convém lembrar que Misse (1999) já nos mostrou, no que se refere à sociedade livre, a relação existente entre o uso da violência arbitrária dos representantes das instituições de ordem e a criação da mercadoria "corrupção". (CASTRO E SILVA, 2008, p. 97).

Esse monopólio do uso legítimo da força e dos meios de tributação leva ao ambiente, mesmo o carcerário, a uma pacificação. A ala evangélica, como já vimos, por normatização bíblica, respeita as autoridades constituídas, e tem como um dos seus principais mandamentos, o amor ao próximo, que é uma de suas maneiras de diferenciação. Isso tudo torna o ambiente da ala evangélica mais pacífico se comparado ao restante do coletivo. As constantes práticas cristãs de oração, jejum, sacramentos e caridades reforçam essas relações de interdependências entre os *presos irmãos* e os outros presos, e aumentam as tensões relativas ao autocontrole:

A moderação das emoções espontâneas, o controle dos sentimentos, a ampliação do espaço mental além do

Os agentes religiosos pentecostais em suas pregações enfatizam a
existência do mundo espiritual e assim como pregam a salvação da alma por
intermédio de Jesus Cristo, pregam também a condenação da alma no
inferno. Esse julgamento da alma, na visão cristã, cabe a Deus. Assim, de
uma maneira mais ampla, os pentecostais, tanto os agentes religiosos, quanto
os *presos irmãos*, reconhecem a soberania de Deus em relação a tudo,
inclusive ao monopólio da violência física. Veja o evangelho de Mateus,
capítulo 10, versículo 28: "Não tenham medo daqueles que matam o corpo,
mas não podem matar a alma. Porém tenham medo de Deus, que pode
destruir no inferno tanto a alma como o corpo." (BÍBLIA, 2008, p. 1188).
Essa crença que os *presos irmãos* têm em Deus e na Bíblia, que para eles é
a palavra de Deus, um código de conduta que modela as suas ações. Para os
presos irmãos, o temor a Deus, que é detentor absoluto do monopólio da
força física, faz com que reduza o medo que um homem sente pelo outro.
Bem como limita a possibilidade de causar mal ao outro, por causa do temor
que sentem por Deus. De outra maneira, podemos explicar por meio de Elias
(1993):

mesmo tempo, limita a possibilidade de causar terror, medo ou tormento em outros e, portanto, certas possibilidades de descarga emocional agradável, o constante autocontrole ao qual o indivíduo agora está cada vez mais acostumado procura reduzir os contrastes e mudanças súbitas de conduta e carga afetiva de toda auto-expressão. As pressões que atuam sobre o indivíduo tendem a reproduzir uma transformação de toda a economia de paixões e afetos rumo a uma regulação mais contínua, estável e uniforme dos mesmos, em todas as áreas de conduta, em todos os setores da vida. (ELIAS, 1993, p. 202).

Os agentes religiosos pregam aos presos que as atitudes impulsivas são obras da natureza humana, mas o autocontrole, para eles, é fruto do Espírito Santo. Pregam ainda que a natureza humana está sempre em conflito com o Espírito Santo, mas que ao final, não devemos obedecer aos desejos da natureza humana. Eles se baseiam na epístola de Paulo aos gálatas, capítulo 5, versículos 16 ao 25:

Quero dizer a vocês o seguinte: deixem que o Espírito de Deus dirija a vida de vocês e não obedeçam aos desejos da natureza humana. Porque o que a nossa natureza quer é contra o que o espírito quer, e o que o Espírito quer é contra o que a natureza humana quer. Os dois são inimigos, e por isso vocês não podem fazer o que vocês querem. Porém, se é o Espírito de Deus que guia vocês, então vocês não estão debaixo da lei. As coisas que a natureza humana produz são bem conhecidas. Elas são: a imoralidade sexual, a impureza, as ações indecentes, a adoração de ídolos, as feitiçarias, as inimizades, as brigas, as ciumeiras, os acessos de raiva, a ambição egoísta, a desunião, as divisões, as invejas, as bebedeiras, as farras e outras coisas parecidas com essas. Repito o que já disse: os que fazem essas coisas não receberão o Reino de Deus. Mas o Espírito produz o amor, a alegria, a paz, a paciência, a delicadeza, a bondade, a fidelidade, a humildade e o domínio próprio. E contra essas coisas não existe lei. As pessoas que pertencem a Cristo Jesus crucificaram a natureza humana delas, junto com todas as paixões e desejos dessa natureza. Que o Espírito de Deus que nos deu a vida, controle também a nossa vida! Nós não devemos ser orgulhosos, nem provocar ninguém, nem ter inveja uns dos outros. (BÍBLIA, 2008, p. 1518).

Em seus esforços para seguir a conduta bíblica que regula suas vidas e de mostrarem aos outros que pertencem a Jesus Cristo – controle social –, os *presos irmãos* criam hábitos semiautomatizados em seu interior, lutam contra seus impulsos, suas paixões, no qual Norbert Elias chama de superego [27] - autocontrole -:

As limitações mais práticas a ele imposta por suas relações com outros homens espelham-se dentro dele; um padrão individualizado de hábitos semi-automáticos se estabeleceu e consolidou nele, um "superego" específico que se esforça por controlar,

---

[27] É inconsciente, é a censura das pulsões que a sociedade e a cultura impõem ao id, impedindo-o de satisfazer plenamente os seus instintos e desejos. É a repressão, particularmente, a repressão sexual. Manifesta-se à consciência indiretamente, sob forma da moral, como um conjunto de interdições e deveres, e por meio da educação, pela produção do "eu ideal", isto é, da pessoa moral, boa e virtuosa. Disponível em <leituradiaria.com.br/?p=541>. Acesso em 28 Jan. 2012.

transformar ou suprimir-lhe as emoções de conformidade com a estrutura social. Mas os impulsos, os sentimentos, apaixonados que não podem mais manifestar-se diretamente nas relações entre pessoas freqüentemente lutam, não menos violentamente, dentro delas contra essa parte supervisora de si mesma. (ELIAS 1993, p. 203).

Difusão da Pressão pela Previdência e Autocontrole

No IPEC, o monopólio do uso legítimo da força pelos agentes de segurança penitenciária, tem na parte disciplinar um instrumento formal de controle poderoso. Uma vez que o IPEC aloja presos condenados no regime semiaberto, uma parte disciplinar poderia fazer com que os presos que gozam de VPL perdessem o benefício, os presos que trabalham perdessem os créditos da remissão, etc. Toda essa pressão imposta pelo sistema, somada aos olhares vigilantes dos outros presos, agentes penitenciários, agentes religiosos, e demais *presos irmãos* em cima do indivíduo *preso irmão*, acarreta em um fortalecimento de autocontrole e a permanência de compulsões – a inibição de paixões e o controle de pulsões –. Os cultos pentecostais, realizados no IPEC pelos agentes religiosos, acontecem quatro vezes na semana – terças e quintas-feiras, sábados e domingos - às 20h. E todos os dias entre os próprios *presos irmãos*. Essa frequente interação com os agentes religiosos pentecostais – que em um contexto eclesiástico são uma classe superior aos *presos irmãos*, e a constante interação entre os *presos irmãos* e também com os outros presos e a família, podemos chamar de ritmo de nosso tempo, que conforme Nobert Elias:

Uma das características que tornam muito clara essa conexão entre o tamanho e a pressão interna à rede de interdependência, por um lado, e à constituição psicológica do indivíduo, por outro, é o que chamamos de "ritmo" de nosso tempo. Esse "ritmo" nada mais é que uma manifestação do grande número de cadeias entrelaçadas de interdependência, abrangendo todas as funções sociais que os indivíduos têm de desempenhar, e da pressão competitiva que satura essa rede densamente povoada e que afeta, direta ou indiretamente, cada ato isolado da pessoa. (ELIAS, 1993, p. 207).

Essas cadeias de interdependências desenvolvidas na vida do *preso irmão*, leva-o a um maior medo de sofrer as sanções advindas de parte disciplinar, já que para ele a vergonha em sofrer tal sanção é maior, pois tem uma visão diferenciada de si mesmo, um superego elevado que o leva a um esforço permanente de previdência e um controle firme de conduta. Essa forte pressão social que faz parte do cotidiano dos *presos irmãos* faz com que eles se acostumem a controlar as suas emoções momentâneas e a disciplinarem suas condutas baseados numa compreensão mais profunda da sociedade total e de sua posição nela. Por isso mesmo, o comportamento do *preso irmão* é impelido cada vez mais na direção inicialmente limitada aos agentes religiosos – "estratos superiores", conforme Elias (1993, p. 209) -. Eles desenvolvem um espírito de previdência orientado pelas suas crenças no julgamento divino, conforme a segunda epístola do apóstolo Paulo aos coríntios, capítulo 5, versículos 9 a 10:

Porém, acima de tudo, o que nós queremos é agradar o Senhor, seja vivendo no nosso corpo aqui, seja vivendo

lá com o Senhor. Porque todos nós temos de nos
apresentar diante de Cristo para sermos julgados por
ele. E cada um vai receber o que merece, de acordo com
o que fez de bom ou de mau na sua vida aqui na terra.
(BÍBLIA, 2008, p. 1496).

E ainda na visão de Norbert Elias:

Eles, também submetidos ao tipo de compulsões
externas que se transformam em autocontrole
individual; neles, também, aumenta a tensão horizontal
entre a agência de controle do ser, o "superego", e as
energias da libido que agora são transformadas,
controladas ou reprimidas, com maior ou menor
sucesso. (ELIAS, 1993, p. 209).

Diminuição dos Contrastes

No Instituto Penal Edgard Costa, os "presos irmãos" são vistos pelos
agentes de segurança penitenciária como uma classe superior em relação aos
outros presos, e até mesmo os demais presos enxergam os *presos irmãos*
como classe superior. O esforço e o espírito de previsão dos *presos irmãos*
para manter a posição de classe superior se manifesta nos contactos internos
de seus membros entre si; no grau de supervisão recíproca que praticam; na
estigmatização severa; e nas penalidades que impõem aos seus membros que
infringem o código comum que os distingue. O medo provocado pela
situação de todo o grupo, pela sua luta para preservar a idolatrada e
prestigiada posição, age diretamente como força para manter o código de
conduta, o cultivo do superego em seus membros. Ela é convertida em

ansiedade pessoal, no medo do *preso irmão* de degredar-se ou simplesmente perder prestígio na sociedade carcerária em que vive. É esse medo de perda de prestígio aos olhos dos demais, instilado sob a forma de autocompulsão, seja na forma de vergonha ou no senso de honra, que garante a reprodução habitual da conduta característica cristã e, como sua condição, um rigoroso controle de pulsões em cada *preso irmão*, conforme Elias (1993).

Para os *presos irmãos*, bem como para todos os cristãos pentecostais, a Bíblia é a palavra de Deus, assim sendo, a Bíblia é o código de conduta cristão a ser seguido pelos *presos irmãos*, por isso eles seguem a forma de conduta cristã, que orienta seus superegos, descrita na primeira epístola de Pedro, capítulo 2, versículos 11 ao 17:

> Queridos amigos, lembrem que vocês são estrangeiros de passagem por esse mundo. Peço, portanto, que evitem as paixões carnais que estão sempre em guerra contra a alma. A conduta de vocês entre os pagãos deve ser boa, para que, quando eles o acusarem de criminosos, tenham de reconhecer que vocês praticam boas ações, e assim louvem a Deus no dia da sua vinda. Por causa do Senhor, sejam obedientes a toda autoridade humana: ao Imperador, que é a mais alta autoridade; e aos governadores, que são escolhidos por ele para castigar os criminosos e elogiar os que fazem o bem. Pois Deus quer que vocês façam o bem para que os ignorantes e tolos não tenham nada que dizer contra vocês. Vivam como escravos de Deus. Respeitem todas as pessoas, amem os seus irmãos na fé, temam a Deus e respeitem o Imperador. (BÍBLIA, 2008, p.1616).

À medida que os *presos irmãos* aumentam o seu espírito de previsão e autocontrole de suas pulsões a fim de não perderem prestígio no cárcere, eles aproximam mais as suas condutas às dos agentes religiosos pentecostais – vistos por eles como classe superiora – , diminuindo o contraste entre as condutas dos dois grupos envolvidos. Conforme Norbert Elias: "O contraste em conduta entre os grupos superior e inferior são reduzidos com a disseminação da civilização, e aumentam as variedades, ou nuanças, da conduta civilizada." (ELIAS, 1993, 213).

A Transformação de Guerreiros em Cortesãos

Os cristãos pentecostais, bem como os agentes religiosos pentecostais que realizam o trabalho missionário no IPEC, baseados na Bíblia, acreditam que Jesus Cristo vive e reina para sempre, conforme evangelho de Lucas, capítulo 1, versículos 31 ao 33:

> Então o anjo continuou:
>
> __ Não tenha medo, Maria! Deus está contente com você. Você ficará grávida, dará à luz um filho e porá nele o nome de Jesus. Ele será grande homem e será chamado de Filho de Deus Altíssimo. Deus o Senhor, vai fazê-lo rei, como foi o antepassado dele, o rei Davi. Ele será para sempre rei dos descendentes de Jacó, e o Reino dele nunca acabará. (BÍBLIA, 2008, p. 1267).

E também o apóstolo Paulo fez referência a Jesus como Rei eterno e único Deus, em sua primeira epístola a Timóteo, capítulo 1, versículo 17: "Ao Rei eterno, imortal e invisível, o único Deus – a ele sejam dadas a honra e a glória, para todo o sempre! Amém!" (BÍBLIA, 2008, p.1562). No evangelho de Mateus, capítulo 25, versículo 31, tem: "Jesus terminou dizendo:_ Quando o Filho do Homem vier como Rei, com todos os anjos, ele se sentará no seu trono real." (BÍBLIA, 2008, p. 1218).

Entre outras passagens bíblicas, reconhecida a realeza de Jesus Cristo pelos agentes religiosos pentecostais, estes, por sua vez, consideram-se como embaixadores de Cristo, conforme afirmou o apóstolo Paulo em sua segunda epístola aos coríntios, capítulo 5, versículo 20: "Portanto, estamos aqui falando em nome de Cristo, como se o próprio Deus estivesse pedindo por meio de nós. Em nome de Cristo nós pedimos a vocês que deixem que Deus os transforme de inimigos em amigos dele." (BÍBLIA, 2008 p. 1497-1498). Ou seja, se na visão dos agentes religiosos pentecostais, Jesus Cristo é Rei, e os cristãos são embaixadores de Cristo, logo eles fazem parte da realeza, da corte de Cristo. Dito isto, faz-se necessário analisar porque os cristãos pentecostais fazem a obra missionária e anunciam o evangelho? Obtivemos como resposta, o fato de que eles esperam uma recompensa futura de Jesus Cristo pelas suas obras, esperam o favor de quem eles consideram rei. Conforme o apóstolo João escreveu no livro de Apocalipse, capítulo 22, versículo 12: "_ Escutem! _ diz Jesus. _ Eu venho logo! Vou trazer comigo as minhas recompensas, para dá-las a cada um de acordo com o que tem feito." (BÍBLIA, 2008, p. 1673). E o apóstolo Paulo escreveu em sua primeira epístola aos coríntios no capítulo 3, versículo 8: "Pois não existe diferença entre a pessoa que planta e a que rega. Deus dará a recompensa de acordo com o trabalho que cada um tiver feito." (BÍBLIA, 2008, p. 1464 – 1465).

Visto como os agentes religiosos pentecostais consideram a si mesmos como embaixadores e participantes da corte de Cristo e o motivo que os levam a fazer o trabalho missionário nos presídios – a recompensa –

, analisaremos como são as interações entre os agentes religiosos pentecostais e os presos, e como esses se tornam *presos irmãos* novos convertidos. Para tal, faremos uma alusão à transformação de guerreiros em cortesões sobre a ótica norbertiana de processo civilizador.

Os agentes religiosos pentecostais realizam serviço religioso no cárcere a serviço de Cristo, levam a palavra de Deus, fazem caridade, transportam um ambiente de amor para a realidade violenta do cárcere. Em contrapartida, o preso – o guerreiro acostumado a dar vazão às suas paixões e pulsões –, buscando alívio para a sua alma, ou simplesmente buscando os objetos de caridade oferecidos, passa a frequentar os cultos pentecostais. Lá, o preso está no meio dos agentes religiosos e dos *presos irmãos*, e não lhe é permitido agir da maneira que se comporta no coletivo. Pois a grande corte real – os agentes religiosos e os *presos irmãos* –, permanece durante certo período no centro da teia social que estabelece e mete em movimento a civilização da conduta, conforme Elias (1993).

A coexistência de certo número de pessoas cujas ações constantemente se entrelaçavam – agentes religiosos, presos e *presos irmãos* –, compelia mesmo os guerreiros – os presos –, que descobriam estar numa situação de interdependência mais forte, a observar algum grau de consideração e espírito de previsão, um controle mais rigoroso da conduta e, acima de tudo, no tocante à senhora da casa – os agentes religiosos –, de quem dependiam os presos, um maior domínio das emoções, uma transformação na economia das pulsões, de acordo com Elias (1993).

A teia de interdependência em que entrava o guerreiro – o preso –, porém, não era, no início, muito extensa e cerrada. Tinha-se que adotar certa reserva na corte – culto pentecostal ou ala evangélica –, havia ainda inúmeras pessoas com as quais e situações nas quais não tinha que observar qualquer moderação. Podia escapardo senhor e da senhora de uma corte –

presos irmãos e agentes religiosos –, na esperança de encontrar abrigo em outra corte – o coletivo da prisão –. As estradas do interior – vida na prisão – abundavam em encontros, procurados ou não, que não exigiam grande controle dos impulsos. Na corte – culto pentecostal –, na presença da senhora – agente religioso –, tinha que se refrear de atos violentos e explosões emocionais, mas até mesmo o cavaleiro cortês – preso frequentador do culto pentecostal – era antes e acima de tudo um guerreiro, e sua vida constituía uma cadeia quase ininterrupta de guerras, rixas e violência, conforme Elias (1993).

O autocontrole que os cavaleiros corteses – presos frequentadores do culto pentecostal –, observavam na corte – culto pentecostal –, portanto, era formado apenas de hábitos semiconscientes, muito diferentes do padrão característico quase automatizado de um estágio posterior – de conversão religiosa ao pentecostalismo –. A estrutura do autocontrole, especialmente o superego, ainda não era forte ou uniformemente desenvolvida, segundo Elias (1993).

Durante esse período de inconstância entre a vida no coletivo da cadeia e a frequência aos cultos pentecostais, o preso frequentador do culto pentecostal vem criar laços de dependência com os agentes religiosos e com os *presos irmãos*, durante esse tempo o preso passa a experimentar momentos de paz, que o leva a querer estar nos cultos promovidos pelos agentes religiosos e entre os *presos irmãos*. Conforme o testemunho 1 (T1) , de um *preso irmão*, gravado na capela evangélica do IPEC durante o trabalho de campo:

> Amém! A paz do Senhor Jesus, amém? Quero falar aqui o que Deus tem feito na minha vida. Outra ora, eu andava numa vida errada, numa vida de escravo, servindo a satanás, traficando, roubando, matando,

destruindo vidas. Mas aí, eu tive um encontro com Jesus através de uma prisão. Muitos na rua falavam de Jesus para mim, mas eu não dava ouvido. Não dava ouvido, só queria saber das coisas do mundo, das coisas erradas, das coisas que o diabo[28] me enganava, ilusão da carne, desejo do humano. [...] Vim preso irmão! Fui... sete e meia DP[29], fiquei lá um bom tempo, o advogado tentou me tirar, eu falei, não, não precisa advogado não! Deixa eu aqui mesmo! A irmã da igreja já foi lá "quer aceitar Jesus?" eu falei "aceito", já aceitei logo Jesus. Mas não foi porque eu fui preso que aceitei Jesus não, foi porque o sofrimento era grande, irmão! Na rua você também sofre! Eu fugitivo, sofri na rua! Eu fugitivo na rua, não tinha paz, não tinha sossego não! Às vezes eu falo até com os companheiros aqui no cárcere, eles perguntam se eu tô gostando da cadeia, é porque agora aqui eu deito, eu durmo, acordo em paz! Na rua eu dormia no mato! Na rua eu não podia ir na minha casa ver meus filhos, não podia ver minha

---

[28] "Jesus faz muitas referências a uma figura conhecida de diversas maneiras: o Diabo, Satanás, Belzebu, "o príncipe deste mundo". Os judeus da época acreditavam na existência de demônios, seres espiritualmente impuros que se opunham à lei de Deus. A autoridade que Jesus possuía para expulsar esses demônios foi considerada uma prova de que se tratava do Messias, do Ungido de Deus. Mais tarde, na teologia cristã, o Diabo ou Satanás (que significa "o acusador") passa a ser reconhecido como um anjo de Deus, criado originalmente para ser bom, mas que caiu da graça nos céus e tentou, por meio de enganos, perverter e corromper a humanidade, embora ele e os demais anjos caídos tenham sido definitivamente derrotados por Jesus na cruz, sem qualquer possibilidade de triunfar. Os cristãos de nossos dias se dividem entre os que acreditam que o Diabo é uma entidade que existe de fato, tentando e induzindo o mundo ao mal, e aqueles que crêem se tratar de uma personificação simbólica da maldade intrínseca a todos os seres humanos caídos." (GUITE, 2010, p.44-45).

[29] 76ª DP – Centro, Niterói - RJ

esposa, não podia ter paz! Aceitei Jesus lá na cadeia, na sete e meia DP e vim na caminhada, irmão! Caminhada... cheguei na Água Santa[30], teve uma transferência do... do presídio ali... Frei Caneca, um irmão, pastor abençoado! Ele não fez nada, não fez agravo nenhum contra autoridade, ele foi de transferência pra lá. Chegou na Água Santa que eu olhei, que eu vi o irmão, eu falei "irmão, foi Deus que te mandou aqui, porque eu to precisando de ajuda mesmo", só tinha eu de irmão, eu tava fraco, novo convertido. O irmão começou a fazer a obra ali, começou a fazer a obra. Eu fiquei firme com o irmão ali, orando, louvando, orando pelo povo lá, alma se convertendo, fui pro... pro Edgard Costa[31] [...].

E da mesma maneira que a estrutura de relacionamentos humanos é assim mudada, na mesma medida o indivíduo – o preso frequentador do culto pentecostal –, está emaranhado na teia humana de uma forma muito diferente da de antes e é modelado por seus vários tipos de dependência – agentes religiosos e *presos irmãos* –, muda também a estrutura da consciência e sentimentos individuais, da interação entre paixões e controle de paixões, entre os níveis conscientes e inconscientes da personalidade. Segundo Elias (1993), a interdependência mais estreita de todos os lados, a pressão mais forte vinda de todas as direções, exige e insufla um autocontrole mais uniforme, um superego mais estável e novas formas de conduta entre as pessoas: os guerreiros – presos – tornam-se cortesãos – *presos irmãos* –.

---

[30] Presídio Ary Franco – Água Santa - RJ
[31] Instituto Penal Edgard Costa – IPEC – Centro de Niterói – RJ.

Conclusão

O sistema penitenciário brasileiro, ainda nos dias atuais, encontra-se distante do que é previsto na lei de execução penal – lei nº 7.210, de 11 de julho de 1984.

É incontestável o aumento da deformação da personalidade do ser humano a partir do momento que passa a viver no ambiente negativo dos presídios. O tratamento que este sistema penitenciário proporciona ao detento faz com que ocorra um constante aumento do sentimento de irritação e revolta, levando-o a agir com violência.

Considerando que o foco principal da LEP é a ressocialização do preso para posterior reintegração social, torna-se impossível alcançar esses objetivos em um ambiente que não oferece condições para tal ressocialização, não se cumpre o mínimo estabelecido na legislação prisional e não é capaz de oferecer um pouco de dignidade humana ao apenado.

Para tanto, faz-se necessário que durante a permanência do preso na instituição carcerária, lhe seja proporcionado condições para sua conscientização e aprendizado, para que, após o cumprimento de sua pena, quando de seu reingresso à sociedade, ele tenha adquirido a capacidade de obedecer às leis, civilizando-se.

Sendo assim, falta ao Estado cumprir com a referida legislação e mudar o tratamento dado ao preso, para que seja possível haver mudanças positivas no que concerne a ressocialização e posterior reintegração social do mesmo.

Como o Estado não tem oferecido o incentivo necessário para se desenvolver projetos ressocializadores em áreas que proporcionem ao preso uma melhor qualificação educacional e profissional, os projetos religiosos têm ganhado espaço, principalmente os relacionados ao pentecostalismo, que exercem uma grande influencia sobre a mudança comportamental e sobre a conduta moral de qualquer cidadão, conforme demonstrado no presente trabalho à luz das teorias dos processos civilizadores.

A religião exerce um importante papel na organização das práticas de relacionamento do indivíduo com o transcendente. A vida que se baseia na crença de alguma divindade tende a ser uma vida moldada nos padrões morais de boa conduta, com mais tolerância, mais humildade, simplicidade, respeito às leis. E como as dificuldades são tantas, a religião constitui o melhor caminho de ressocialização, já que não requer recursos públicos para a sua execução.

Contudo, basta ao ser humano querer tal mudança, pois percebemos que o cárcere é uma sociedade à parte. A distinção e o prestígio, que o preso afiliado ao pentecostalismo goza no cárcere, através dos olhares dos demais presos e dos agentes penitenciários, não existem extramuros. Logo, se a afiliação religiosa ao pentecostalismo, por parte do preso, não estiver relacionada a uma real conversão, mas sim a interesses, esse preso quando da condição de egresso, tende a se frustrar. Porém se houver a real conversão, o egresso afiliado ao pentecostalismo, não ficará desamparado na sociedade livre, pois pode contar com o apoio da comunidade cristã pentecostal a qual estiver afiliado, que deve recebê-lo como uma família, pois como vimos, eles se baseiam em amor ao próximo.

Referências

ALBERGARIA, Jason. *Das penas e da execução penal.* 3 ed. Belo Horizonte: Del Rey, 1996.

ALMEIDA, Fernanda de Freitas. *Prisão, Há Uma Saída?*-Monografia de conclusão de curso não publicada, apresentada ao Departamento de Serviço Social da Universidade Estadual de Londrina , Londrina,1998.

ALVAREZ, M. C., SALLA, F., GAUTO, M. *A contribuição de David Garland: a Sociologia da Punição.* Tempo Social. Revista de Sociologia da USP, São Paulo, v. 18, n°. 1, p. 329-350, 2006.

ANTONIAZZI, A. et al. *Nem anjos nem demônios:* Interpretações sociológicas do petencostalismo. 2 ed. Petrópolis: Vozes, 1996.

ASSUNÇÃO, Laerton Sérgio de. *Por Trás das Celas*, Rio de Janeiro, Ed. Impacto, 2008.

BAUMAN, Zigmunt. *O Mal-Estar da Pós-Modernidade*, Rio de Janeiro: Jorge Zahar Editor LTDA, 1998.

BÍBLIA de Estudo Plenitude para Joves. *Nova Tradução na Linguagem de Hoje*. Barueri, SP: Sociedade Bíblica do Brasil, 2008. 1728 p.

BOURDIEU, Pierre. *A Economia das Trocas Simbólicas*, São Paulo, Perspectiva, 2007.

BICCA, A. A honra na relação entre detentos crentes e não-crentes. *Debates do NER*, Porto Alegre, ano 6, n. 8, p. 87-98, jul./dez. 2005.

BRASIL. (Congresso Nacional). *Lei de Execução Penal* - LEP. Lei nº 7.210, de julho de 1984.

______. (Câmara dos Deputados). *Relatório Final da CPI do Sistema Penitenciário*. Brasília: Câmara dos Deputados, julho de 2008.

______. Presidência da República. *Constituição Federal de 1988*. Brasília: Senado Federal, 1988.

CAMPOS JÚNIOR, Luís de Castro. *Pentecostalismo:* sentidos da palavra divina. São Paulo: Ática, 1995. 166p.

CANTO, Dilton Ávila. *Regime Inicial de Cumprimento de Pena Reclusiva ao Reincidente.* (2000). Dissertação (Mestrado em Direito). Universidade Federal de Santa Catarina, Florianópolis.

CARVALHO FILHO, Luiz Francisco. *A prisão*. São Paulo: Publifolha, 2002.

CASTRO E SILVA, A. M. de. *Nos Braços da Lei:* O uso da violência negociada no interior das prisões. Rio de Janeiro: E+A, 2008.

CESARÉIA, Eusébio de. *História Eclesiástica*. 1ª ed. Rio de Janeiro: Casa Publicadora as Assembléias de Deus, 1999.

COELHO, E. C. *A oficina do Diabo:* crise e conflitos no Sistema Penitenciário do Rio de Janeiro. Rio de Janeiro: IUPERJ, 1987.

DIAS, C. C. N. Evangélicos no cárcere: representação de um papel desacreditado. *Debates do NER*, Porto Alegre, ano 6, n. 8, p. 39-55, jul./dez. 2005

DORNELLES, João Ricardo W. Dornelles. *O que é Crime*. São Paulo, Editora Brasiliense, 1988.

DOTTI, René Ariel. *Bases e Alternativas Para o Sistema de Penas*. São Paulo: Revista dos Tribunais, 1998.

DURKHEIM, Émile. *Educação e Sociologia*. São Paulo: Melhoramentos/ Fundação Nacional de Material Escolar, Rio de Janeiro, 1978.

______. *As Formas Elementares da Vida Religiosa*. São Paulo, Ed. Martins Fontes, 2000.

______. *As Regras do Método Sociológico*. São Paulo, Ed. Martin Claret, 2002.

ECLÉSIA: *revista evangélica do Brasil*. São Paulo: ASEC, n.118, ano 11, 2007.

ELIAS, Norbert. *O Processo Civilizador:* Formação do Estado e Civilização. Rio de Janeiro: Jorge Zahar, 1993. Vol. 2,

______. *O Processo Civilizador:* Uma História dos Costumes. Rio de Janeiro: Jorge Zahar, 1994. Vol. 1.

______. *A Sociedade dos Indivíduos*. Jorge Zahar Editor LTDA, 1990, Rio de Janeiro.

FALCONI, Romeu. *Sistema Presidial:* Reinserção Social? São Paulo: Ícone, 1998.

FOUCAULT, M. *Vigiar e punir: nascimento da prisão.* Petrópolis: Vozes, 2002.

______. *Microfísica do poder*. Rio de Janeiro, Ed. Graal, 1985.

______. *Em Defesa da Sociedade*. São Paulo, Ed. Martins Fontes, 2005.

FRESTON, Paul. Breve história do pentecostalismo brasileiro. In: ANTONIAZZI, Alberto et al. *Nem anjos nem demônios:* interpretações sociológicas do pentecostalismo. 2.ed. Petrópolis: Vozes, 1996. p. 66-130.

GEERTZ, Clifford. *A interpretação das culturas*. Rio de Janeiro: LTC, 1989.

GOFFMAN, E. *Manicômios, Prisões e Conventos*. São Paulo: Perspectiva, 2005.

GUITE, Malcolm. *Em Que Acreditam Os Cristãos?* Tradução de Osmar de Souza. Rio de Janeiro: Civilização Brasileira, 2010.

HEGEL, G.W.F. *Princípios do Direito*. Tradução de Norberto de Paula Lima. São Paulo: Ícone, 1997, 279 p.

JULIÃO, E. F. *A ressocialização através do estudo e do trabalho no sistema penitenciário brasileiro*. 2009. 440 f. Tese (Doutorado em Ciências Sociais) – Instituto de Filosofia e Ciências, Universidade do Estado do Rio de Janeiro, Rio de Janeiro.

__________. Educação e trabalho como propostas políticas de execução penal. Alfabetização e Cidadania. *Revista de Educação de Jovens e Adultos*. N. 19. Brasília, 2006.

LIMA, Eunice Ladeia Guimarães de. *Protestantes no Brasil Colônia:* contribuição para a cultura e a educação. Dracena-SP: Reges Editora Universitária, 2004.

LOBO, E. S. Ovelhas aprisionadas: a conversão religiosa e o "rebanho do Senhor" nas prisões. Debates do NER, Porto Alegre, ano 6, n. 8, p. 73-85, jul./dez. 2005

MAIA, Clarissa Nunes *et alii* (Orgs.). *História das prisões no Brasil*, vol. 1. Rio de Janeiro: Rocco, 2009.

MAIA NETO, Candido F. *Direitos humanos do preso:* Lei de execução penal – lei n. 7.210/84. Rio de Janeiro: Forense, 1998.

MARIANO, Ricardo. *Neopentecostais:* sociologia do novo pentecostalismo no Brasil. São Paulo: Edições Loyola. 1999.

MELO, F. V. C. 2005. Braga. *Nem culpa, nem condenação:* a saída pode ser Jesus! A atuação das igrejas pentecostais na Agência Prisional de Goiânia. Goiânia, UCG.

MÍGUEZ, Daniel. Inscripta en la Piel y en el Alma. Cuerpo e Identidade em Professionales, Penteostales y Jovenes Delicuentes In *Religião e Sociedade.* Vol. 1 (1997) Rio de Janeiro: ISER, 1997.

MINAYO, MC. *O desafio do conhecimento:* pesquisa qualitativa em saúde. Rio de Janeiro: Abrasco, 2007.

MIRABETE, Julio F. *Execução Penal:* comentário a Lei 7.210. 11 ed. São Paulo: Atlas, 2006.

MOLINA, Antônio Pablos Garcia de. *Criminologia:* Uma Introdução aos seus Fundamentos Teóricos. São Paulo: Revistas dos Tribunais, 1998.

__________. *Criminologia.* São Paulo, Editora Revista dos Tribunais, 2000.

OLIVEIRA, Odete Maria de. *Prisão:* um paradoxo social. Editora da UFSC, Florianópolis, 1996a.

OLIVEIRA, R, C. O trabalho do antropólogo: olhar, ouvir, escrever. In.: *O trabalho do antropólogo.* São Paulo: UNESP, 2000b.

ONU (Organizações das Nações Unidas). *Regras Mínimas para o Tratamento de Reclusos.* Genebra, 1955.

PIMENTEL, Manoel Pedro. *O Crime e a Pena na Atualidade*. Revista dos Tribunais, São Paulo, 1983.

RODRIGUES, G.. E. Transgressão, controle social e religião: um estudo antropológico sobre práticas religiosas na penitenciária feminina do estado do rio grande do sul. *Debates do NER*, Porto Alegre, ano 6, n. 8, p. 9-20, jul./dez. 2005.

RUSSEL-WOOD. A . J. R. *Fidalgos e Filantropos:* a Santa Casa de Misecórdia da Bahia, p. 1550-1755. Tradução de Sérgio Duarte. Brasília: Ed. Da UnB, 1981.

SALLA, Fernando. *As Prisões em São Paulo:* 1822-1940. São Paulo: Annablume, 1999.

SHECAIRA, Sergio Salomão e CORRÊA JUNIOR, Alceu. Pena e Constituição, *Revista dos Tribunais*, São Paulo, 1995.

SCHELIGA, E. L. "Sob a proteção da bíblia"? a conversão ao pentecostalismo em unidades penais paranaenses. *Debates do NER*, Porto Alegre, ano 6, n. 8, p. 57-71, jul./dez. 2005.

SIMMEL, George. *Sociologia*. São Paulo: Ática, 1983.

TEIXEIRA, B. F. *Gato escaldado em teto de zinco quente:* uma análise sobre os egressos do sistema penitenciário. Rio de Janeiro. UFRJ. 2007.

TELES, Ney Moura. *Direito Penal:* Parte Geral – I. 1ª ed. São Paulo:

Editora de Direito, 1999.

VARGAS, L. O. Religiosidade: poder e sobrevivência na penitenciária feminina do distrito federal. *Debates do NER*, Porto Alegre, ano 6, n. 8, p. 21-37, jul./dez. 2005.

WACQUANT, Loïc. A ascensão do Estado Penal nos EUA. In: *Discursos Sediciosos*, nº. 11, Ed. Revan, 2002.

WEBER, Max. *Ético Protestante e o Espírito do Capitalismo*, São Paulo, Ed. Martin Claret, 2006.

WEBER, Max. *Ensaios de Sociologia*, Rio de Janeiro, Ed. LTC, 1982.

YAMAMOTO, Aline et alii (orgs.). *Cereja discute:* educação em prisões. São Paulo: AlfaSol; Cereja, 2009.